ENZO MATTHEWS

1 000 MOTS D'ANGLAIS AUX TOILETTES

TUT-TUT

Du même auteur, aux éditions Tut-tut

Exercices d'anglais aux toilettes, 2015.
Une année d'anglais aux toilettes, 2015.
Je révise les expressions anglaises aux toilettes, 2014.
Je révise mon anglais aux toilettes, 2013.

Tut-Tut est une marque des éditions Leduc.s. Découvrez toutes nos publications sur le blog Tut-Tut : **www.tut-tut.fr**
Retrouvez toujours plus de blagues et d'histoires drôles sur notre page Facebook : **www.facebook.com/EditionsTutTut**

Mise en page : Émilie Guillemin
Illustrations : Fotolia

17 rue du Regard
75006 Paris – France
info@tut-tut.fr

ISBN : 978-2-36704-105-6

À propos de l'auteur

Enzo Matthews est un éminent professeur d'anglais. Il partage son temps entre l'université de Cambridge et la Harvard Business School. Il est à la pointe de l'enseignement depuis deux décennies. Son objectif est d'y rester. Aussi est-il en quête perpétuelle de nouvelles méthodes d'enseignement de l'anglais. Usant des fonds importants mis à sa disposition par les deux universités qui l'emploient et de subventions de l'Union européenne, il a investi plusieurs millions de dollars et de livres sterling dans de nouvelles techniques d'apprentissage de la langue de Shakespeare. *J'apprends l'anglais à dos de poney, J'apprends l'anglais en dos crawlé, J'apprends à insulter copieusement ma belle-mère anglaise, Je révise mon anglais au pub (programme sponsorisé par Guinness®)* et *Je deviens une pornstar en Californie pour m'améliorer en anglais* ne sont qu'un tout petit aperçu des pistes qu'il a explorées ces dernières années. Des milliers d'élèves ont participé à leurs dépens à ses programmes tests. Ils ont permis de faire avancer la recherche et d'identifier les méthodes qui donnent les meilleurs résultats. *1 000 mots d'anglais aux toilettes* fait partie des méthodes à haut rendement. Pour ce programme, Enzo Matthews a préparé des listes journalières de vocabulaire et les a distribuées à ses élèves. Il a fait apprendre à cent trois de ses étudiants trente-deux nouveaux mots anglais chaque jour dans leurs toilettes. En un mois seulement, ces étudiants avaient enrichi leur vocabulaire de mille nouveaux mots et cela uniquement en mettant à profit les quelques minutes par jour qu'ils passaient aux toilettes.

L'Union européenne et les deux universités qui emploient Enzo Matthews n'ont pas tardé à avoir vent du potentiel de la nouvelle technique d'Enzo Matthews. En octobre dernier, l'université de Cambridge, la Harvard Business School, l'Union européenne et les éditions Tut-tut ont donc décidé de financer l'ouvrage novateur que vous tenez entre les mains et que vous rangez maintenant précieusement chaque jour dans l'étagère de vos w.-c.

Ce livre est révolutionnaire

Se remettre à l'anglais

Si en raison de la gestion chaque année plus complexe de votre compte Facebook, d'un investissement onéreux dans un écran plat qui vous contraint depuis à le regarder le plus souvent possible pour faire baisser son coût horaire d'utilisation ou si en raison des sorties incessantes des nouvelles saisons des séries américaines, vous n'avez jamais pu trouver une minute à vous pour vous remettre à l'anglais, ***1 000 mots d'anglais aux toilettes*** **va tout changer. Ce livre est tout le contraire des habituelles méthodes barbantes.** Pour que chaque minute passée à suer dans vos toilettes à apprendre le contenu de ce livre vous soit profitable, nous avons été chercher dans les corpus qui étudient la fréquence d'utilisation des mots de la langue anglaise. C'est ainsi que nous avons pu sélectionner les mille mots les plus fréquemment utilisés par les Anglais. Vous les trouverez dans ce livre. Vous êtes donc certains que chaque mot et chaque phrase appris dans ce livre vous seront d'une grande utilité. Vous les entendrez très bientôt dans la bouche d'un Anglais ou d'un personnage d'une série TV si vous la visionnez en V.O. Ces mots et ces phrases vous serviront souvent pour vous exprimer sur la terre du peuple des Angles (L'Angle-terre), sur la terre des cowboys ou dans votre entreprise pour humilier votre boss qui parle un franglais ridicule avec votre anglais parfait.

Vous ne trouverez pas de leçons de grammaire assommantes, à la façon de votre prof d'anglais à moustache du collège qui nous a demandé de vous passer le bonjour.

ACTIVEZ FACILEMENT LES 1 000 MOTS DE BASE !

Avec l'aide de notre méthode unique, vous allez donc apprendre ou réactiver facilement les 1 000 mots qui constituent la base de l'anglais. Ils vont se transformer en un socle assez solide pour vous permettre de vous exprimer, d'émettre des opinions, de vous emporter, de vous plaindre, de colporter des ragots, de crier, d'insulter, de bramer et d'avoir des rapports sexuels en anglais. Bref, **vous avez entre les mains une vraie méthode pour fainéants mais diablement efficace.** Quatre à cinq minutes de travail aux toilettes par jour et les progrès seront là, enfin si vous êtes capable de faire deux choses à la fois, ce sur quoi repose toute notre méthode.

Des leçons calibrées

À ce propos, précisons que les leçons correspondent à la durée moyenne d'un passage aux toilettes, quatre à cinq minutes. **Elles ont été scientifiquement calibrées par deux équipes du CNRS** (elles n'ont pas souhaité être citées). Cette durée s'avère être suffisante pour faire de vrais progrès en seulement quelques mois. Toujours d'après les deux équipes du CNRS, si vous passez entre 30 et 45 minutes par jour aux toilettes, vous pouvez vous attendre à faire des progrès beaucoup plus rapides. Si vous êtes concerné, contactez par téléphone le CNRS pour recevoir gratuitement par courrier l'étude « *Constipation par inertie colique spastique et apprentissage accéléré de l'anglais aux toilettes, quels liens ?* ».

50 *phrasal verbs*

Dans ce livre, vous trouverez des verbes à particules, très souvent utilisés par les Anglais mais très peu par les Français lorsqu'ils parlent anglais. Dans la langue anglaise, on retrouve ces petits verbes partout et surtout dans les conversations courantes. Il existe 518 923 *phrasal verbs* dans le *Megascope*, un gigantesque dictionnaire d'Oxford qui recense tous les mots de la langue anglaise. Après des débats houleux au cœur de la maison d'édition entre ceux qui voulaient intégrer dans ce livre les 518 923 *phrasal verbs* en plus des 1 000 mots et les autres, **nous avons finalement sélectionné les 50 *phrasal verbs* les plus usités.** Ce sont eux qui donneront à vos phrases et vos jurons un son authentiquement anglais. Vous allez enfin devenir crédible en anglais !

Des exemples actuels

Nous connaissons votre passé scolaire douloureux. Nous savons que vous avez subi plusieurs années de suite la lecture de dialogues soporifiques dans des manuels scolaires d'anglais insipides. Aussi, dans ce livre, afin de vous éviter la lecture d'une succession de phrases ennuyeuses, **nous sommes partis chercher nos exemples d'utilisation dans les séries américaines, les films, les citations et surtout dans l'anglais parlé.** Enzo Matthews a à nouveau tenté d'être parfois drôle, mais vous constaterez que, comme dans ses ouvrages précédents, il a à nouveau échoué. Nous voulions que ce livre regorge d'extraits représentatifs de phrases actuelles. Il fallait qu'elles puissent ensuite réellement vous servir et qu'elles soient intéressantes à lire. Apprenez certaines répliques, phrases et citations par cœur, celles que vous aimez. Pour bien parler anglais, vous devez apprendre des petites phrases complètes. Il est impossible de sonner anglais si on ne fait que traduire mot à mot des phrases françaises.

Nos étonnantes méthodes de mémorisation

Ce livre se veut innovant sur deux tableaux. Le premier est évident : l'endroit où l'on révise. Le second est la méthode d'apprentissage. Dans ce livre, nous poursuivons un objectif ambitieux : que vous reteniez tout le contenu de l'ouvrage et pas seulement des bribes, comme cela se produit avec tous les autres livres que vous lisez.

Pour atteindre cet objectif, nous avons la conviction qu'il faut sortir des méthodes classiques d'apprentissage de l'anglais. Une simple lecture ne peut suffire pour mémoriser durablement une expression anglaise ou les différents emplois d'un des 1 000 mots anglais importants. De plus, les exercices classiques des manuels d'anglais, tels que remplir laborieusement des textes à trous, répondre à des QCM ou relier des groupes de mots les uns aux autres, n'assurent pas une mémorisation à long terme de la langue anglaise. Pour preuve, ce sont les exercices que nos professeurs d'anglais ont utilisés pendant toute notre scolarité. S'ils fonctionnaient, le niveau moyen en anglais des Français ne serait pas aussi bas. Si ces méthodes donnaient de bons résultats, nous ne serions pas au coude à coude avec les Italiens et les Espagnols pour la place de plus nuls en anglais de toute l'Europe.

Pour prendre le contre-pied de l'ennuyeux enseignement de l'anglais dispensé dans les écoles françaises, nous avons créé des techniques originales qui vont vous permettre de mémoriser l'intégralité du contenu de ce livre. Au début, pour la plupart des lecteurs, ces techniques sembleront saugrenues. Cependant, c'est justement parce que ces méthodes sont atypiques qu'elles réussiront à marquer durablement votre cerveau. Sortir de ses habitudes est l'un des secrets d'une mémorisation à long terme.

Nos méthodes vous feront donc sortir d'un apprentissage de l'anglais trop confortable auquel nous nous sommes tous habitués. Beaucoup de lecteurs devront se faire violence pour appliquer ces méthodes. Ce sera dur mais *no pain, no gain*. Essayez ces méthodes au moins une fois chacune ! Objectif : les tester. Par la suite, vous n'aurez pas à toutes les utiliser. Vous choisirez dans ces techniques celles qui vous amusent le plus, celles qui correspondent à votre mode de vie, à votre état d'esprit et celles qui vous auront permis de mémoriser avec le moins d'efforts possible. Rappelons une nouvelle fois la philosophie de ce livre : une méthode pour fainéants, mais diablement efficace !

MÉTHODE 1 : Passez en langue anglaise l'interface de votre compte Facebook, de votre compte Twitter, de votre boîte mail, de Windows, de Word, de votre console de jeux, de votre tablette, de votre liseuse, de votre GPS, de votre télévision et de votre smartphone. Si chez vous vous avez un joli téléphone beige ou gris à cadran et un minitel dernière génération, ne tentez pas de les passer en anglais !

MÉTHODE 2 : Pour pratiquer votre anglais, il n'est pas nécessaire de souscrire à d'onéreuses heures de conversations par téléphone avec des autochtones. Prenez l'habitude d'appeler régulièrement les numéros gratuits (*toll-free*) des services consommateurs des grandes marques anglaises. Cherchez-les sur le net. Vous pouvez passer vos appels des toilettes. Présentez-vous comme un Français expatrié à Londres souhaitant avoir une nouvelle cheminée, des informations sur une voiture, une piscine ou des conseils sur l'alimentation pour un chien qui vous semble montrer des signes d'allergies au gluten et au quinoa... Dans cette conversation téléphonique, vous tenterez de placer les derniers mots et expressions idiomatiques que vous venez d'apprendre. Vous bénéficierez ainsi d'un cours de conversation avec un *native speaker* extrêmement poli au prix le plus bas du marché.

MÉTHODE 3 : Inscrivez-vous sur un forum anglais consacré à un thème qui vous passionne. Dans vos interventions sur le forum, vous vous imposerez de placer les dernières phrases et les mots que vous venez d'apprendre aux toilettes. Indiquez dans votre signature automatique que vous êtes français.

MÉTHODE 4 : Créez un compte utilisateur sur le site du Daily Mail (www.dailymail.co.uk) afin d'écrire en anglais des commentaires simples en dessous des articles. Vous y utiliserez les mots appris dans ce livre. Votre objectif sera, bien entendu, de déclencher un maximum de polémiques et de débats stériles. Dans ce but, caché derrière votre pseudonyme, vous expliquerez aux internautes anglais que tout est bien mieux en France que chez eux.

MÉTHODE 5 : Écrivez les mots anglais que vous venez d'apprendre sur des grandes feuilles, sur le tableau de votre cuisine, sur votre bras… En ayant ces mots sous le nez pendant la journée, ils devraient finir par rentrer.

MÉTHODE 6 : Pensez à une situation qui vous est arrivée et où vous auriez pu utiliser les mots ou la phrase que vous venez d'apprendre. Racontez cette situation à voix haute en anglais dans vos toilettes, en insérant si possible dans votre récit plusieurs des nouveaux mots appris. (Ne vous souciez pas du fait que vos proches puissent vous entendre. Si chanter sous la douche en anglais est permis ou toléré dans votre foyer, alors parler anglais dans les toilettes doit probablement l'être aussi.)

MÉTHODE 7 : Avec le micro et le magnétophone de votre ordinateur ou de votre Smartphone, enregistrez les leçons de ce livre en MP3. Envoyez ensuite ces fichiers sur votre lecteur MP3 ou votre Smartphone et écoutez-les pendant vos trajets en voiture, dans les transports en commun ou chez vous. Cette méthode est à utiliser par tous les lecteurs qui ont une mémoire auditive. Vous constaterez aussi que le fait d'enregistrer la leçon permet d'en retenir immédiatement une bonne partie. Vous pouvez réaliser ces enregistrements dans les toilettes. Vous bénéficierez alors d'un effet d'écho naturel très intéressant.

MÉTHODE 8 : Sur les murs de votre ville, taguez à la craie des mots anglais de ce livre. Le stress associé à cette activité permet de retenir pour toujours les mots tagués. Si vous vous faites surprendre par la police un marqueur à la main, dites avec un fort accent anglais : « Laissez-moi tranquille, je suis Banksy ! ». Non seulement ces policiers vont immédiatement vous relâcher, mais vous retirerez aussi une très belle somme de vos dernières œuvres.

MÉTHODE 9 : Lisez un article par jour sur les sites www.guardian.co.uk et www.bbc.co.uk/news en utilisant le navigateur Google Chrome pour une traduction automatique en français juste après la première lecture d'un paragraphe anglais. Bien entendu, pour un article lu sur ces deux sites très ennuyeux, récompensez-vous de trois articles sur le tabloïd www.thesun.co.uk. Vous saurez ainsi si Britney Spears va bien ou en quoi le prince Harry a eu cette fois-ci la bonne idée de se déguiser.

MÉTHODE 10 : Regardez vos séries préférées en V.O. avec des sous-titres en anglais. Revisionnez tous vos

DVD avec les sous-titres en anglais. Si vous êtes niveau débutant, la nuit venue, visionnez en cachette les DVD de vos enfants en les passant en anglais. Ne vous faites pas surprendre. « Maman, quand je fais dodo, Papa, il regarde tout seul mes DVD de Winnie l'ourson » n'aidera pas à asseoir votre autorité naturelle.

MÉTHODE 11 : Pour compléter et mettre à jour notre fiche de vocabulaire sur l'anatomie, visitez régulièrement des sites pornographiques américains. Ce travail suivi vous permettra aussi de savoir quoi dire quand vous serez au lit avec un(e) Anglo-Saxon(ne). (Aujourd'hui, *OH YES, OH YES, OH YEEESS*... n'est plus du tout suffisant.)

MÉTHODE 12 : Sur les forums anglais, testez les quelques insultes apprises dans ce livre. Faites-le tranquillement assis devant votre ordinateur, sans aucun danger pour votre intégrité physique.

Ces méthodes d'apprentissage sortent des sentiers battus et c'est la raison pour laquelle nous vous conseillons vivement de les utiliser. Vous êtes déjà un excentrique qui pratique l'anglais dans ses toilettes, maintenant que vous avez franchi ce premier pas, allez un peu plus loin avec des activités nouvelles. Pour les avoir testées à de multiples reprises, nous savons que ces méthodes fonctionnent bien. Adoptez-les pour des progrès rapides et pour que ce livre améliore vraiment votre anglais. Nous

rappelons que les interros surprise tomberont n'importe quel jour de la semaine, et ce même quand vous êtes en réunion au bureau, par exemple.

POUR AMÉLIORER LA MÉMORISATION DE CE LIVRE À LONG TERME

Pour faire un vrai bond en avant dans vos toilettes en anglais, n'enchaînez pas les leçons les unes après les autres. Voici **quatre bonnes habitudes à prendre aux toilettes.**

TECHNIQUE 1 : Une à deux fois par jour, essayez de vous remémorer ce que vous avez appris hier et le matin même aux toilettes. Ce petit travail simple dopera votre mémoire. C'est ainsi que vous progresserez et pourrez fièrement dire un jour : « Tout ce que je connais en anglais, je l'ai appris dans mes toilettes. » C'est en tout cas l'objectif que nous poursuivons pour vous.

TECHNIQUE 2 : Aux toilettes, avant de commencer une nouvelle leçon, faites quelques étirements, vérifiez qu'il reste du papier et relisez en diagonale la leçon vue la veille.

TECHNIQUE 3 : Une fois par semaine, au lieu d'entamer une nouvelle leçon, revoyez trois anciennes leçons au hasard. Soyons bien d'accord dès maintenant : au hasard ne signifie pas revoir systématiquement les trois premières leçons du livre, les plus faciles.

Technique 4 : Ne laissez pas ce livre vierge ! Une fois sa lecture terminée, reprenez-le dans votre salon ou dans votre bureau et ajoutez-lui des couleurs. Surlignez, encadrez, soulignez ! Faites ressortir les informations importantes que vous voulez retenir.

LEÇON 1

Retour sur les bases : conjuguer le verbe être

PRÉSENT	PASSÉ	FUTUR
I am	*I was*	*I will be*
You are	*You were*	*You will be*
He/She is	*He/She was*	*He/She will be*
We are	*We were*	*We will be*
You are	*You were*	*You will be*
They are	*They were*	*They will be*

Retour sur les bases : conjuguer le verbe avoir

PRÉSENT	PASSÉ	FUTUR
I have	*I had*	*I will have*
You have	*You had*	*You will have*
He/She has	*He/She had*	*He/She will have*
We have	*We had*	*We will have*
You have	*You had*	*You will have*
They have	*They had*	*They will have*

Retour sur les bases : se remettre en tête les pronoms

Pronoms personnels	Pronoms possessifs
Me	*My*
You	*Your*
Him	*His*
Her	*Her*
It	*Its*
Us	*Our*
You	*Your*
Them	*Their*

Retour sur les bases : futur, conditionnel, passé

LE FUTUR

I + will + verbe à l'infinitif

Exemple : You will drive

LE CONDITIONNEL

I + would + verbe à l'infinitif

Exemple : He would do it if he had time

LE PASSÉ

I + verbe + ed ou verbe irrégulier

Exemples : He baked a cake – She bought a car (verbe irrégulier).

11 façons de saluer les Anglais

même si vous ne les aimez pas beaucoup (c'est bon, on sait !)

Vous n'aimez pas trop les Anglais. On sait. Cependant, nous pensons qu'il est temps pour vous de vous remettre de votre échange scolaire en famille d'accueil qui s'est très mal déroulé. Vous étiez en quatrième ! C'était il y a vraiment longtemps, vous savez ! Pardonnez et tournez la page, car il est temps. Tentez aujourd'hui d'aimer les Anglais. Pour faire un premier pas vers eux, dans vos toilettes, entraînez-vous à prononcer ces salutations avec un sourire, même faux.

Hi : Salut
Hello : Bonjour
Good morning : Bonjour (matin)
Good afternoon : Bonjour (après-midi)
Good evening : Bonsoir
Good night : Bonne nuit
Nice to see you : Content de te voir
Nice to meet you : Content de vous rencontrer
How are you? : Comment allez-vous ?
Good bye : Au revoir
See you soon! : À bientôt !

Top 13 des couleurs les plus fréquentes

Voici les treize couleurs le plus souvent utilisées par les Anglais. Elles sont classées par fréquence d'apparition. Vous devez toutes les apprendre, même celles que vous n'aimez pas.

1. *black* : noir
2. *white* : blanc
3. *blue* : bleu
4. *red* : rouge
5. *green* : vert
6. *brown* : marron
7. *pink* : rose
8. *grey* : gris
9. *yellow* : jaune
10. *orange* : orange
11. *silver* : argent
12. *purple* : violet
13. *gold* : or

How are you?

I'm fine : Ça va
I'm sad : Je suis triste
I'm happy : Je suis content
I'm scared : J'ai peur
I'm thirsty : J'ai soif
I'm tired : Je suis fatigué
I'm hot : J'ai chaud
I'm cold : J'ai froid
I'm hungry : J'ai faim

À **NOTER** : Ici, il faut remarquer une différence très importante entre le français et l'anglais. En français, nous employons le verbe *avoir* dans les expressions : j'ai faim, j'ai soif, j'ai chaud, j'ai froid. Les Anglais emploient, eux, le verbe être : *I'm hungry, I'm thirsty, I'm hot, I'm cold.* Vous devez apprendre ces expressions par cœur pour ne pas être tenté de les traduire mot à mot.

HUNGRY dans une citation amusante

"The trouble with eating Italian food is that five or six days later, you're hungry again."

George Miller

➥ « L'ennui quand vous mangez de la nourriture italienne est que cinq ou six jours plus tard, vous avez à nouveau faim. »

Bien utiliser l'adjectif *Easy*

FACILE

I have an easy life.

➥ J'ai une vie facile.

I'm easy.

➥ Je suis facile.

I love easy money.

➥ J'aime l'argent facile.

Take it easy!

➥ Vas-y doucement !

LEÇON 3

Présentez votre famille à un Anglais que ça n'intéresse probablement pas du tout

Une fois en Angleterre, grâce au contenu de cette leçon, vous serez en mesure de présenter toute votre famille à votre hôte anglais, bien que ça ne l'intéresse probablement pas du tout. Toutefois, comme vous ne payerez votre B&B qu'en partant, il sera obligé de vous écouter poliment et en souriant. Nous vous encourageons à profiter de cette occasion pour travailler l'intégralité de cette liste de vocabulaire sur le thème de la famille. Parlez aussi des personnes qui n'ont pas vu venir (expliquez pourquoi), de ceux que vous n'avez pas vus depuis longtemps et enchaînez sur ceux qui ne sont plus là.

family : la famille
father : père
dad, daddy : papa
mother : mère
mom, mommy (US),
mum, mummy (UK) : maman
parents : les parents
sister : sœur
brother : frère
children : les enfants
baby : bébé
son : fils
granddaughter : petite-fille
uncle : oncle
aunt : tante
nephew : neveu
niece : nièce
cousin : cousin
stepfather : beau-père
stepmother : belle-mère
stepbrother : beau-frère
stepsister : belle-sœur
half-brother : demi-frère

daughter : fille
husband : mari
wife : femme
grandmother : grand-mère
grandfather : grand-père
grandson : petit-fils
half-sister : demi-sœur
godfather : parrain
godmother : marraine
godson : filleul
goddaughter : filleule

Deux phrases clés pour (re)capter l'attention de votre interlocuteur

This is my father. He is also my uncle.

➥ Voici mon père. Il est aussi mon oncle.

Like your family, my family sucks.

➥ Comme votre famille, ma famille craint.

FAMILY dans deux citations amusantes

"I grew up with six brothers. That's how I learned to dance-waiting for the bathroom."

Bob Hope

➥ « J'ai grandi avec six frères. C'est comme ça que j'ai appris à danser – en attendant devant les toilettes. »

"My family has had problems with immigrants ever since we came to America."

→

Dr Winchester – M.A.S.H

➥ « Ma famille a eu des problèmes avec les immigrants depuis que nous sommes venus en Amérique. »

Votre statut marital

Sur ce point et uniquement sur celui-là, nous sommes tentés de vous recommander de ne pas trop approfondir le vocabulaire qui suit. Ainsi, en cas d'infidélité à l'étranger et des problèmes qui vont en découler avec votre conjoint, vous expliquerez que vous avez confondu deux mots de votre liste de vocabulaire (*married* avec *widowed* ou *single*) et que tous vos problèmes ont ensuite découlé, malgré vous, de cette erreur initiale. Bref, expliquez que vous n'êtes vraiment pour rien dans cette *affair(e)**.

married : marié(e)
single : célibataire
divorced : divorcé(e)
separated : séparé(e)
widowed : veuf/veuve

Compter en anglais

one, two, three, four, five, six, seven, eight, nine, ten, eleven, twelve, thirteen, fourteen, fifteen, sixteen, seventeen, eighteen, nineteen

---

* ***To have an affair*** : avoir une liaison

LEÇON 4

Les jours où les pubs sont ouverts

Monday : lundi
Tuesday : mardi
Wednesday : mercredi
Thursday : jeudi
Friday : vendredi
Saturday : samedi
Sunday : dimanche

SATURDAY dans une citation amusante

"Bisexuality immediately doubles your chances for a date on Saturday night."

Rodney Dangerfield

➥ « La bisexualité double immédiatement vos chances de rendez-vous un samedi soir. »

Les moments de la journée

morning : le matin
noon : le midi
afternoon : l'après-midi
daytime : la journée
evening : le soir
night : la nuit
midnight : minuit

Country – nationality – language

Apprenez les noms des pays, des nationalités et la langue parlée dans de nombreux pays du monde. Ces mots vous seront très utiles pour colporter les clichés habituels auprès de vos interlocuteurs anglophones. Nous n'avons aucun doute sur le fait que ceux que vous connaissez soient très intéressants.

Country	Nationality	Language
Argentina	*Argentine*	*Spanish*
Australia	*Australian*	*English*
Canada	*Canadian*	*English / French*
Chile	*Chilean*	*Spanish*
China	*Chinese*	*Chinese*
Denmark	*Danish (Dane)*	*Danish*
England	*English*	*English*
Finland	*Finnish*	*Finnish*
France	*French*	*French*
Germany	*German*	*German*
Greece	*Greek*	*Greek*
Ireland	*Irish*	*Irish/English*
Italy	*Italian*	*Italian*
Japan	*Japanese*	*Japanese*
Mexico	*Mexican*	*Spanish*
The Netherlands	*Dutch*	*Dutch*
Norway	*Norwegian*	*Norwegian*
Portugal	*Portuguese*	*Portuguese*
Romania	*Romanian*	*Romanian*
Russia	*Russian*	*Russian*
Spain	*Spanish*	*Spanish*

Tout ce que vous allez bientôt savoir dire avec le verbe *Do*

FAIRE

I'll do my best.

➥ Je ferai de mon mieux.

I do a lot of swimming.

➥ Je fais beaucoup de natation.

Let's do the orgy on Sunday at Margaret's!

➥ Faisons la partouze dimanche chez Margaret !

I have work to do.

➥ J'ai du travail.

I do the maths.

➥ Je fais le calcul.

I did anthropology at university.

➥ J'ai fait de l'anthropologie à l'université.

Why did you steal his father's fireplace? That was a really stupid thing to do.

➥ Pourquoi as-tu volé la cheminée de son père ? C'était un truc vraiment stupide à faire.

LEÇON 6

Bien utiliser le mot Day

JOUR

During the day

➥ Pendant la journée

A day off

➥ Un jour de congé

Great! The sex-shop is open 24 hours a day.

➥ Super ! Le sex shop est ouvert 24 heures sur 24.

What did you do at home all day?

➥ Qu'est ce que tu as fait à la maison toute la journée ?

I saw the Queen three days ago.

➥ J'ai vu la reine il y a trois jours.

I take cocaine three times a day.

➥ Je prends de la cocaïne trois fois par jour.

I try to go for a walk every day.

➥ J'essaye d'aller me promener tous les jours.

I think my days as a pornstar are coming to an end.

➥ Je pense que mes jours en tant que star du porno arrivent à leur fin.

DAY dans une citation amusante

"By working faithfully eight hours a day you may eventually get to be boss and work twelve hours a day."

Robert Frost

➥ « En travaillant fidèlement huit heures par jour, vous pourriez finir par devenir patron et travailler douze heures par jour. »

5 adjectifs à connaître

prime : premier, principal
significant : significatif
industrial : industriel
dead : mort
specific : spécifique

En voyage : vocabulaire pour une journée shopping à Oxford Street !

a bag : un sac
a cloth : un tissu
a coat : un manteau
a colour : une couleur
a credit card : une carte de crédit
a dress : une robe
a glove : un gant
a hat : un chapeau
a needle : une aiguille
a pin : une épingle
a shirt : une chemise
a shoe : une chaussure
a size : une taille
a skirt : une jupe
a sock : une chaussette
a stocking : un bas
cotton : le coton
leather : le cuir
silk : la soie
trousers : un pantalon
wool : la laine
a wallet : un porte-monnaie

I love cotton.

→ J'aime le coton.

This bag is ugly. Is it yours?

→ Ce sac est horrible. Est-ce le tien ?

These large trousers will be perfect for your big knees.

→ Ce pantalon large sera parfait pour tes gros genoux.

10 contractions fréquentes à connaître

1. ***I'm*** = *I am*
2. ***don't*** = *do not*
3. ***didn't*** = *did not*
4. ***it's*** = *it is*
5. ***wasn't*** = *was not*
6. ***you're*** = *you are*
7. ***that's*** = *that is*
8. ***I'll*** = *I will*
9. ***couldn't*** = *could not*
10. ***can't*** = *can not*

Les 5 différentes sortes de temps anglais

It's raining : Il pleut
It's cold : Il fait froid
It's windy : Le temps est venteux
It's foggy : Il y a du brouillard
It's cloudy : Il fait un temps nuageux

LEÇON 7

Le pluriel, ou lorsque la grammaire anglaise peut vous permettre de commander une tournée de pintes au pub

Comme en français, les mots anglais prennent un *s* au pluriel.

A beer, two beers; a hammer, two hammers...

➥ Une bière, deux bières ; un marteau, deux marteaux...

Mais il y a des exceptions...

EXCEPTION 1 : Un nom se terminant par un *y* précédé d'une consonne fait son pluriel en *ies*.

An anomaly, two anomalies; a country, two countries...

➥ Une anomalie, deux anomalies ; un pays, deux pays...

EXCEPTION 2 : Un nom se terminant par *-s*, *-ch*, *-sh* ou *-x* fait son pluriel en *-es* de façon à ce que le *s* devienne prononçable, tout comme certains mots qui se terminent par *o*.

A brush, two brushes; an arch, two arches...

➥ Une brosse, deux brosses ; un arc, deux arcs...

EXCEPTION 3 : 6 pluriels irréguliers à connaître.

A man – two men	un homme – deux hommes
A woman – two women	une femme – deux femmes
A child – two children	un enfant – deux enfants

A wife – two wives	une épouse – deux épouses
A foot – two feet	un pied – deux pieds
A tooth – two teeth	une dent – deux dents
A life – two lives	une vie – deux vies
A knife – two knives	un couteau – deux couteaux

Bien utiliser l'adjectif *Free*

LIBRE, GRATUIT

Admission is free.

➥ L'entrée est gratuite.

He will be free at six o'clock.

➥ Il sera libre à 6 heures.

Your hamster is free to think what it likes.

➥ Ton hamster est libre de penser ce qu'il veut.

2 façons de dire que vous adorez quelque chose

TO LOVE

I love pandas.

➥ J'adore les pandas.

TO BE KEEN ON + VERBE + ING

I am keen on hiding.

➥ J'aime beaucoup me cacher.

LEÇON 8

5 petites phrases à glisser dans vos conversations

What happened?

➥ Qu'est-ce qui s'est passé ?

That's terrific!

➥ C'est excellent !

That's brilliant!

➥ C'est super !

Forget about it!

➥ Laisse tomber !

I'm kidding.

➥ Je plaisante.

Compter en anglais et réussir à dépasser 19

twenty : vingt
thirty : trente
forty : quarante
fifty : cinquante
sixty : soixante
seventy : soixante-dix
eighty : quatre-vingts
ninety : quatre-vingt-dix

À **remarquer** : Contrairement à *four* ou *fourteen*, *forty* s'écrit sans *u*.

EXEMPLES :

25 = twenty-five
34 = thirty-four
48 = forty-eight

9 mots français qui ressemblent beaucoup à de l'anglais, qui sonnent anglais mais qui n'en sont pas ! #remboursez

Des mots anglais que nos grands-pères ont visiblement mal entendus, car si aujourd'hui nous les connaissons, les Anglais ne savent pas ce qu'ils veulent dire. Un bon conseil, ne dites pas de plus en plus fort, en articulant du mieux que vous pouvez, à un Anglais qui semble décidément ne rien comprendre : *I am looking for a « parking » to « put my baskets » and to « do a footing »...*

un footing : ***a jog***
un smoking : ***a dinner jacket***
un relooking : ***a makeover***
un parking : ***a car park***
un people : ***a celebrity***
un flipper : ***a pinball machine***
des baskets : ***sneakers or trainers***
un baby-foot : ***a table football***
un brushing : ***a blow-dry***

LEÇON 9

7 mots anglais courants que votre belle-mère ne connaîtrait pas (d'après nos sources)

a bucket : un seau
a button : un bouton
a card : une carte
a cart : un chariot
a cause : une cause
a chain : une chaîne
a chance : une chance

Tout ce que vous allez bientôt savoir dire avec le verbe *Say*

DIRE

Kevin, what did I say?

➥ Kevin, qu'est ce que j'ai dit ?

What do you say?

➥ Qu'en dis-tu ?

Say what you think!

➥ Dis ce que tu penses !

I didn't believe a word you said!

➥ Je n'ai pas cru un mot de ce que vous avez dit !

Did her mom say who will come to Margaret's orgy?

➥ Est-ce que sa maman a dit qui allait venir à la partouze de Margaret ?

Stop complaining! I've already said sorry to your father for shagging your grandmother.

↳ Arrête de te plaindre ! J'ai déjà dit pardon à ton père pour avoir baisé ta grand-mère.

SAY dans une citation de Sheldon de la série *The Big Bang Theory*

"What type of computer do you have? And please don't say a white one."

↳ « Quel genre d'ordinateur avez-vous ? Et s'il vous plaît, ne dites pas un blanc. »

6 insultes

idiot : idiot
asshole : trou-du-cul
bastards : bâtards
bitch : salope
what a cow : quelle vache
fuck off : va te faire voir

IDIOM: *IT'S A PIECE OF CAKE*

↳ C'est fastoche !

↳ C'est trop facile !

↳ C'est du gâteau !

↳ C'est un jeu d'enfant !

Le petit mot important : *Such*

[TEL]

Such a film is such a shame.

➥ Un tel film est une telle honte.

PHRASAL VERB: POINT OUT

Signification : indiquer, souligner (faire remarquer)

She pointed out a mistake.

➥ Elle fit remarquer une erreur.

Le petit mot important : *On*

[SUR]

Your bag is on the table, on the left.

➥ Ton sac est sur la table, à gauche.

Bien utiliser l'adjectif *Late*

TARD, EN RETARD

You are late.

➥ Tu es en retard.

You are an hour late.

➥ Tu as une heure de retard.

It's getting late.

➥ Il se fait tard.

LEÇON 10

Le petit mot important : *Among*

[PARMI]

The highest rates of unplanned pregnancies were among younger women.

➥ Les taux les plus élevés de grossesses non désirées étaient parmi les femmes plus jeunes.

Bien utiliser le mot *World*

MONDE

the Western World : le monde occidental
a world champion : un champion du monde
a world crisis/war : une crise/guerre mondiale
the world economy : l'économie mondiale

Yes, I sailed around the world.

➥ Oui, j'ai fait un tour du monde à la voile.

I'm a world authority on king penguins and you?

➥ Je suis une autorité au niveau mondial sur les manchots empereurs et vous ?

WORLD dans une citation amusante

"We hope that, when the insects take over the world, they will remember with gratitude how we took them along on all our picnics."

Bill Vaughan

➥ « Nous espérons que lorsque les insectes vont prendre le contrôle du monde, ils se rappelleront avec gratitude comment nous les avons invités à tous nos pique-niques. »

Bien utiliser l'adjectif *Big*

GRAND, GROS

a big house : une grande maison
a big decision : une grande décision
a big success : un grand succès
my big brother : mon grand frère

Your father has a really big dick.

➥ Ton père a vraiment une grosse bite.

It's too big!

➥ C'est trop grand/gros !

I'm big in Japan but no one has heard of me in France.

➥ Je suis une star au Japon mais personne n'a entendu parlé de moi en France.

BIG dans une citation amusante

"My husband wanted one of those big-screen TVs for his birthday. So I just moved his chair closer to the one we have already."

Wendy Liebman

➥ « Mon mari voulait l'une de ces télés grand écran pour son anniversaire. Donc, j'ai juste bougé sa chaise plus près de celle que nous avions déjà. »

Les saisons où il fait souvent gris en Angleterre

À noter avant un départ estival : en Angleterre, l'été est un peu plus court que chez nous, il commence le 15 juillet et se termine le 10 août.

spring : le printemps
summer : l'été
autumn : l'automne
winter : l'hiver

et aussi...

a season : une saison
to season : assaisonner (un plat)
the low season : la basse saison
the high season : la haute saison
off-season : hors-saison

LEÇON 11

Bien utiliser l'adjectif *Similar*

SIMILAIRE

You two look quite similar to each other.

➥ Vous vous ressemblez pas mal vous deux.

The two brothers are similar in size.

➥ Les deux frères sont de la même taille.

I love beaucoup ton anatomie (1)

Pour débuter cette série en huit parties « *I love* beaucoup ton anatomie », nous réitérerons un conseil donné dans l'introduction. Pour compléter et mettre à jour ces fiches de vocabulaire sur l'anatomie, vous devez impérativement visiter régulièrement des sites pornographiques gratuits américains. Ce travail suivi vous permettra notamment d'apprendre des phrases complexes, d'utiliser les nouveaux mots appris dans des situations de la vie courante en effectuant des recherches précises et surtout de savoir quoi dire quand vous serez au lit avec un(e) Anglo-Saxon(ne). Encore une fois, aujourd'hui, *OH YES, OH YES, OH YEEEESS...* n'est plus du tout suffisant. C'est en tout cas ce qu'ont indiqué les Anglais lors d'un sondage sur le *french lover* et le *french kiss*. Mettez les bouchées doubles pour progresser en regardant très régulièrement des sites pornographiques ! C'est l'image de la France à l'étranger qui est actuellement en jeu.

BACK : DOS

JE VAIS L'UTILISER DANS

back pain : mal de dos
back to back : dos à dos
on one's back : sur son dos

EYE : ŒIL

JE VAIS L'UTILISER DANS

A girl/guy with beautiful blue eyes.

➥ Une fille/Un garçon avec des jolis yeux bleus.

Open/close your eyes!

➥ Ouvre/ferme les yeux !

I have something in my eye.

➥ J'ai quelque chose dans l'œil.

I couldn't believe my eyes.

➥ Je n'en croyais pas mes yeux.

HAND : MAIN

JE VAIS L'UTILISER DANS

Put your hands up (in the air)!

➥ Mettez vos mains en l'air ! (Phrase utile si vous êtes DJ, mais probalement moins souvent utilisable si vous êtes comptable ou croque-mort)

Give me your hand!

➥ Donne-moi la main !

All their sextoys are made by hand!

➥ Tous leurs sextoys sont faits à la main !

HAND dans une citation amusante

"If evolution really works, how come mothers only have two hands?"

Milton Berle

➥ « Si l'évolution fonctionne vraiment, comment se fait-il que les mères n'aient que deux mains ? »

Bien utiliser le mot *house*

UNE MAISON

I clean the house.

➥ Je fais le ménage. (Litt : Je nettoie la maison)

A house of cards

➥ Un château de cartes (pensez à la série)

To buy/rent a house

➥ Acheter/louer une maison

LEÇON 12

Le génitif, très utile pour dire, par exemple, à tout le monde que le chien de Paul est particulièrement moche

1. Si le possesseur est animé (s'il bouge), on ajoutera *'s* à la fin du possesseur pour indiquer un lien de possession.

Paul's dog, Tim's camel, Marie's cat, the neighbour's Renault 5...

➥ Le chien de Paul, le chameau de Tim, la chatte de Marie, la Renault 5 du voisin...

À noter : Si le nom du possesseur se termine par un *s*, pas d'exception, on rajoute un *s* de plus (*my boss's Fuego*).

2. Dans le cas de plusieurs possesseurs et donc d'un nom au pluriel se terminant déjà par un *s*, on ajoute alors seulement une apostrophe juste après le *s*, sauf s'il s'agit d'un pluriel irrégulier qui ne se termine pas par un *s*.

My friends' shark, my parents' house, men's problems...

➥ Le requin de mes amis, la maison de mes parents, les problèmes des hommes...

3. Le génitif s'emploie aussi pour traduire « chez ».

I go to the doctor's, the butcher's...

➥ Je vais chez le docteur, chez le boucher...

Tonight, the orgy is at the Smiths', at Paul's...

↳ Ce soir, la partouze est chez les Smith, chez Paul...

Le petit mot important : *If*

[SI]

I wonder if you are Fantômas.

↳ Je me demande si tu es Fantômas.

Bien utiliser l'adjectif *HOT*

CHAUD

I feel hot.

↳ J'ai chaud.

A hot bath/shower

↳ Un bain chaud/Une douche chaude

Take your trousers off if you're hot!

↳ Enlève ton pantalon si tu as chaud !

She's hot.

↳ Elle est sexy.

It is 11 degrees. Do you like this hot weather in England?

↳ Il fait 11 degrés. Est-ce que vous aimez ce temps chaud en Angleterre ?

LEÇON 13

5 petites phrases à glisser dans vos conversations

I'll be working late.

➥ Je vais travailler tard.

You're joking, right?

➥ Tu plaisantes, n'est-ce pas ?

I'm in.

➥ J'en suis.

Shut up!

➥ Tais-toi !

I'm gonna kill you.

➥ Je vais te tuer.

PHRASAL VERB: LOOK AFTER

Signification : s'occuper de

He looked after the goldfish when she was out.

➥ Il s'est occupé du poisson rouge quand elle est sortie.

Tout ce que vous allez bientôt savoir dire avec le verbe *Get*

OBTENIR

I got a new job.

➥ J'ai un nouveau boulot.

Her grandmother got a yacht for her birthday.

➥ Sa grand-mère a eu un yacht pour son anniversaire.

Get me out of here!

➥ Sortez-moi d'ici !

Don't get me wrong!

➥ Comprends-moi bien !

Try to get some sleep!

➥ Essaie de dormir un peu !

Did he get a present for your wife?

➥ Est-ce qu'il a acheté un cadeau pour votre femme ?

I got a phone call from the Queen yesterday. I didn't pick up the phone.

➥ J'ai eu un coup de téléphone de la reine hier. Je n'ai pas répondu.

I got you.

➥ Je t'ai eu.

GET dans une citation de Barney Stinson de la série *How I met your mother*

"You know what Marshall needs to do. He needs to stop being sad. When I get sad, I stop being sad, and be awesome instead. True story."

➥ « Tu sais ce que Marshall a besoin de faire. Il a besoin d'arrêter d'être triste. Quand je suis triste, j'arrête d'être triste et, à la place, je suis génial. C'est une vraie histoire. »

Bien utiliser l'adjectif *Available*

DISPONIBLE

I'm avalaible next Monday.

➥ Je suis disponible lundi prochain.

Is this dress available in a larger size? You are too fat to wear that.

➥ Est-ce que cette robe est disponible dans une plus grande taille ? Tu es trop grosse pour porter ça.

I'm afraid I'm not available to help you.

➥ J'ai peur de ne pas être disponible pour t'aider.

Your father is cute. Is he available?

➥ Ton père est mignon. Est-il disponible ?

LEÇON 14

7 mots anglais importants qui pourraient presque réussir à énerver un garde royal anglais si vous les prononcez 800 fois de suite très près de son visage #nevouslavezpaslesdents

a field : un domaine
a flame : une flamme
a flight : un vol
a frame : un cadre
a hook : un crochet
a fight : un combat
a comparison : une comparaison

A FIGHT dans une citation de Nathan de la série *Misfits*

"If a bear and a shark had a fight, who would win?"

➥ « Si un ours et un requin se battaient, qui gagnerait ? »

Bien utiliser l'adjectif *Old*

VIEUX, ANCIEN

An old car : une vieille voiture

I'm old enough to watch this movie. Let me in!

➥ Je suis assez vieux pour voir ce film. Laissez-moi entrer !

How old are you? I'm 75 years old.

➥ Quel âge avez-vous ? J'ai 75 ans.

You are old.

➥ Vous êtes vieux.

In my old job I was a pornstar.

➥ Dans mon ancien travail, j'étais une star du porno.

Les sentiments humains négatifs

fear : la peur
a regret : un regret
a trouble : un ennui
care : le souci
a doubt : un doute
hate : la haine
shame : la honte

Bien utiliser l'adjectif *Bad*

MAUVAIS, MÉCHANT

♫ *Because I'm bad, I'm bad* ♫ (Michael Jackson)

➥ Parce que je suis mauvais/méchant, je suis mauvais/méchant

I have bad news. My father punctured his inflatable dolphin.

➥ J'ai une mauvaise nouvelle. Mon père a crevé son dauphin gonflable.

My father punctured his inflatable dolphin. He is having a really bad day.

➥ Mon père a crevé son dauphin gonflable. Il passe une mauvaise journée.

My holiday in the UK was spoiled by bad weather.

➥ Mes vacances au Royaume-Uni ont été gâchées par le mauvais temps.

BAD dans une citation amusante

"I've had bad luck with both my wives. The first one left me and the second one didn't."

Patrick Murray

➥ « Je n'ai pas eu de chance avec mes deux femmes. La première est partie et la seconde ne l'est pas. »

Le petit mot important : *Again*

[ENCORE UNE FOIS]

Do it again!

➥ Fais-le encore une fois !

LEÇON 15

5 petites phrases à glisser dans vos conversations

I won't be long : Je ne serai pas long
Not a chance : Impossible
What do you mean? : À quoi pensez-vous (en disant ça) ?
All right : Très bien
It stinks! : Ça pue !

10 contractions fréquentes à connaître

1. *I'd = I would*
2. *wouldn't = would not*
3. *I've = I have*
4. *hadn't = had not*
5. *doesn't = does not*
6. *what's = what is*
7. *we're = we are*
8. *won't = will not*
9. *there's = there is*
10. *isn't = is not*

Je pose plein de questions avec *How*

How do I do?

→ Comment je fais ?

How did I meet your mother?

→ Comment ai-je rencontré votre mère ?

How long do you last?

➥ Combien de temps dures-tu ?

How much can I borrow?

➥ Combien est-ce que je peux emprunter ?

How many calories do I burn watching a one-hour porn movie?

➥ Combien de calories est-ce que je brûle en regardant un film pornographique d'une heure ?

How often do you go to the gym?

➥ Tous les combien allez-vous à la salle de sport ?

How often can I give blood?

➥ Tous les combien puis-je donner mon sang ?

How many times do we shag a year?

➥ Combien de fois par an baisons-nous?

Tout ce que vous allez bientôt savoir dire avec le verbe *Make*

FAIRE

I made a mistake.

➥ J'ai fait une erreur.

He made coffee.

➥ Il a fait du café.

This cartoon always makes her dog cry.

➥ Ce dessin animé fait toujours pleurer son chien.

You keep making the same mistakes.

➥ Tu continues à faire les mêmes erreurs.

Her English mother made a jelly again.

➥ Sa mère anglaise a encore fait une gelée.

What made you change your mind?

➥ Qu'est ce qui t'a fait changer d'avis ?

MAKE dans une citation amusante

"I hate housework! You make the beds, you do the dishes – and six months later you have to start all over again."

Joan Rivers

➥ « Je déteste le ménage. Vous faites les lits, vous faites la vaisselle et six mois plus tard vous devez tout recommencer. »

5 adjectifs à connaître

concerned : inquiet
various : varié
close : fermé
present : présent
royal : royal

LEÇON 16

Bien utiliser le mot *place*

ENDROIT

I always thought your country would be a boring place. I was right.

➥ J'ai toujours pensé que votre pays serait un endroit ennuyeux. J'avais raison.

A popular eating place

➥ Un endroit populaire pour manger

Let's have the party at your place!

➥ Faisons cette fête chez toi !

Let's find a quiet place where we can bonk.

➥ Trouvons un endroit paisible où on pourra s'envoyer en l'air.

According to Margaret, this is the only place that sells this type of hand-made dildo.

➥ Selon Margaret, c'est le seul endroit qui vend ce type de gode fait à la main.

Bien utiliser l'adjectif *Small*

PETIT

A small town/house/car : Une petite ville/maison/voiture
Small children : Les petits enfants

Tell your family that this condom is too small for me!

➥ Dis à ta famille que ce préservatif est trop petit pour moi !

I noticed a few small mistakes in your English.

➥ J'ai noté quelques petites erreurs dans votre anglais.

Les transports

a boat : un bateau
a brake : un frein
a bridge : un pont
a harbour : un port
a plane : un avion
a rail : un rail
a road : une route
a station : une gare
a train : un train
a ship : un navire
a wheel : une roue
a seat : un siège
driving : la conduite
transport : le transport
a distance : une distance

I love beaucoup ton anatomie (2)

HEAD : TÊTE

JE VAIS L'UTILISER DANS

20£ per head

➥ 20 £ par tête/par personne

What put that idea into his head?

➥ Qu'est ce qui lui a mis cette idée en tête ?

To give head

➥ Faire une fellation [vulgaire]

VOICE : VOIX

JE VAIS L'UTILISER DANS

In a loud/soft voice : À voix haute/basse
To have a good voice : Avoir une belle voix
This is The Voice! : C'est la voix !

ARM : BRAS

JE VAIS L'UTILISER DANS

arm-wrestling : bras de fer
with her husband on her arm : avec son mari à son bras
with arms folded : avec les bras croisés
arm in arm : bras-dessus, bras-dessous

3 expressions qui commencent par *See you*

See you soon!

→ À bientôt !

See you later!

→ À plus tard !

See you next year!

→ À l'année prochaine !

LEÇON 17

Bien maîtriser le présent en anglais

Le présent français se traduit par plusieurs temps différents en anglais, dont le présent simple et le présent progressif.

He is watching TV, the hamster is having lunch...

↪ Il regarde la télé, le hamster déjeune...

Le présent progressif s'emploie pour une action en cours. On peut le traduire par « en train de ».

I often go to the gym, I drink tea every day, my rabbit loves pizza, peacoks are self-centred, vain and narrow-minded...

↪ Je vais souvent à la gym, je bois du thé tous les jours, mon lapin aime la pizza, les paons sont égocentriques, vaniteux et bornés...

Le présent simple s'utilise pour exprimer des vérités ou des habitudes.

6 insultes que vous devez connaître et employer !

Go to hell!

↪ Va au diable !

Bugger off!

➥ Dégage !

Fascist!

➥ Fasciste !

Dictator!

➥ Dictateur !

Imbecile!

➥ Imbécile !

Silly cow!

➥ Vache débile !

5 petites phrases à glisser dans vos conversations

Give it a try!

➥ Essaye !

Not a problem.

➥ C'est pas un problème.

Don't worry!

➥ T'inquiète pas !

Bye guys!

➥ Salut les gars ! (peut inclure des filles)

I can't.

➥ J'peux pas.

LEÇON 18

Le petit mot important : *About*

[À PROPOS DE]

10 things you didn't know about the devil.

→ 10 choses que vous ne saviez pas à propos du diable.

[ENVIRON, À PEU PRÈS]

She is about 3.

→ Elle a environ 3 ans.

Dire que vous aimez quelque chose

I like.

→ J'aime.

I love.

→ J'adore.

I really enjoy...

→ Je prends vraiment du plaisir à...

It's really interesting.

→ C'est vraiment intéressant.

Le petit mot important : *Go back*

RETOURNER, REVENIR, RECULER

After the sex orgy, the Smiths went back home.

↪ Après la partouze, les Smith sont rentrés chez eux.

GO dans une citation amusante

"Going to church doesn't make you a Christian any more than standing in a garage makes you a car."

Billy Sunday

↪ « Aller à l'église ne fait pas plus de vous un chrétien que de vous mettre debout dans un garage fait de vous une voiture. »

Bien utiliser l'adjectif *Likely*

PROBABLE

It's not very likely.

↪ Ce n'est pas très probable.

Tout ce que vous allez bientôt savoir dire avec le verbe *Go*

ALLER

I go home.

↪ Je rentre à la maison.

I will go by car/ by bus.

➥ J'irai en voiture/en bus.

I'm going for a walk.

➥ Je vais me promener.

We go shopping every Saturday night.

➥ Nous allons faire des courses chaque samedi soir.

He doesn't go to the zoo very often these days.

➥ Il ne va pas au zoo très souvent en ce moment.

I go up/down stairs.

➥ Je monte/descends les escaliers.

I'm tired, let's go!

➥ Je suis fatigué, allons-y !

He should go to the doctor's.

➥ Il devrait aller chez le docteur.

Are you going to Margaret's orgy on Sunday?

➥ Est-ce que tu vas à la partouze de Margaret dimanche ?

We knew her father would go crazy if he ever found out that his inflatable crocodile was punctured.

➥ Nous savions que son père deviendrait fou si jamais il découvrait que son crocodile gonflable était crevé.

LEÇON 19

Bien utiliser le mot *Thing*

CHOSE

Pack your things, we are going on a trip to Las Vegas!

➥ Fais tes valises, on part en voyage à Las Vegas !

A funny thing happened to me today.

➥ Un truc marrant m'est arrivé aujourd'hui.

All good things come to an end.

➥ Toutes les bonnes choses ont une fin.

It's a good thing that you are not coming.

➥ C'est une bonne chose que tu ne viennes pas.

Don't treat me like that. I'm a person, not a thing!

➥ Ne me traite pas comme ça. Je suis une personne, pas une chose !

I know a thing or two about astrophysics.

➥ Je connais deux ou trois trucs en astrophysique.

THING dans une citation amusante

"Two things are infinite, the universe and human stupidity, and I am not yet completely sure about the universe." ➔

Albert Einstein

➥ « Deux choses sont infinies, l'univers et la stupidité humaine, et je ne suis pas encore complètement sûr pour l'univers. »

La terre, les éléments...

ice : la glace
rain : la pluie
snow : la neige
air : l'air
sea : la mer
sky : le ciel
the earth : la terre
moon : la lune
thunder : le tonnerre
water : l'eau
wind : le vent
a mountain : une montagne
night : la nuit

NIGHT dans une citation de Barney Stinson de la série *HIMYM*

"Guess who nailed the chick from Metro News One *last night?"*

➥ « Devinez qui a sauté la fille de *Metro News One* la nuit dernière ? »

Le petit mot important : *Almost*

[PRESQUE]

He is almost 100.

➥ Il a presque 100 ans.

Bien utiliser l'adjectif *Large*

GRAND, GROS

A large family in a large house

➥ Une grande famille (famille nombreuse) dans une grande maison

A large sum of money

➥ Une grosse somme d'argent

Like you, your mother is a large woman, right?

➥ Comme vous, votre mère est une femme plutôt grosse, c'est bien ça ?

5 petites phrases à glisser dans vos conversations

Wait a minute!

➥ Attends une minute !

Not true!

➥ C'est pas vrai !

You were right.

➥ Tu avais raison.

I got it!

➥ J'avais compris !

That's all.

➥ C'est tout.

LEÇON 20

Bien utiliser l'adjectif *Certain*

CERTAIN

One thing is certain.

➥ Une chose est sûre.

I am certain to forget your name.

➥ Je suis certain d'oublier votre nom.

I'm certain I left my fridge in this room.

➥ Je suis certain d'avoir laissé mon réfrigérateur dans cette pièce.

Le petit mot important : *Now*

[MAINTENANT]

It's now or never.

➥ C'est maintenant ou jamais.

Bien utiliser l'adjectif *Social*

SOCIAL

a social network : un réseau social
social issues : les problèmes sociaux

5 petites phrases à glisser dans vos conversations

Enjoy it!

→ Profites-en !

What do I do?

→ Que faire ?

Wish me luck.

→ Souhaite-moi bonne chance.

It is awful.

→ C'est horrible.

It's too complicated.

→ C'est trop compliqué.

PHRASAL VERB: DO WITH

Signification : faire avec

11 fun things to do with a baboon and you mother-in-law.

→ 11 choses sympas à faire avec un babouin et votre belle-mère.

Tout ce que vous allez bientôt savoir dire avec le verbe *Know*

SAVOIR

I don't know her.

→ Je ne la connais pas.

I don't know what to do.

➥ Je ne sais pas quoi faire.

You know what I mean.

➥ Tu vois ce que je veux dire.

I know what you did last summer.

➥ Je sais ce que tu as fait l'été dernier.

Her mother knows the name of every brand of dildos.

➥ Sa mère connaît les noms de toutes les marques de godes.

Do you know any French?

➥ Est-ce que vous connaissez un peu de français ?

I know you want me.

➥ Je sais que tu me veux.

KNOW dans une citation de *Dr House*

"We treat it. If she gets better we know that we're right."

➥ « On applique le traitement. Si elle va mieux, on sait que nous avons raison. »

Bien utiliser l'adjectif *General*

GÉNÉRAL

a general description : une description générale
the general idea/belief : l'idée/la croyance générale

LEÇON 21

Bien utiliser le mot *Time*

TEMPS

What time is it?

➥ Quelle heure est-il ?

I have no time for that.

➥ Je n'ai pas de temps pour ça.

It's party time!

➥ C'est la fête !

It's time to go to bed.

➥ Il est l'heure d'aller au lit.

It's unusually hot for this time of year.

➥ Il fait étonnamment chaud pour cette période de l'année.

TIME dans une citation amusante

"By the time a man realizes that his father was right, he has a son who thinks he's wrong."

➥ « Le temps qu'un homme réalise que son père avait raison, il a un fils qui pense qu'il a tort. »

PHRASAL VERB: GIVE UP

Signification : abandonner

I give up!

➥ J'abandonne !

Le petit mot important : *At*

[CHEZ, À. DÉSIGNE UN ENDROIT]

He is at the bus stop, at the hairdresser's, at school.

➥ Il est à l'arrêt de bus, chez le coiffeur, à l'école...

[À. HEURE]

At the moment he is at work. He will be back at six.

➥ En ce moment, il est au travail. Il va revenir à 6 h.

Bien utiliser l'adjectif *Right*

JUSTE, EXACT, BON

Yes, that's right.

➥ Oui, c'est exact (vrai).

The right answer

➥ La bonne réponse

The giraffe arrived right after me.

➥ La girafe est arrivée juste après moi.

Am I right in thinking that you are Batman?

➥ Est-ce que j'ai raison de penser que vous êtes Batman ?

Next time you'll get it right.

→ La prochaine fois, tu feras bien les choses.

You owe me 4,589£, right?

→ Vous me devez 4 589£, c'est bien ça ?

I hope we are doing the right thing with this pink inflatable dolphin.

→ J'espère que nous faisons le bon choix avec ce dauphin gonflable rose.

Take the next right!

→ Prenez la prochaine à droite !

I am the right person for the job!

→ Je suis la bonne personne pour ce travail !

In France I know all the right people!

→ En France, je connais toutes les bonnes personnes !

RIGHT dans une citation de McGyver

"Sometimes I just hate it when I'm right."

→ « Parfois, je déteste avoir raison. »

Le petit mot important : *Down*

[EN BAS DE]

Your dog is down the street.

→ Ton chien est en bas de la rue.

LEÇON 22

I love beaucoup ton anatomie (3)

HAIR : CHEVEUX

JE VAIS L'UTILISER DANS

I'm losing my hair.

➥ Je perds mes cheveux.

She is brushing her long hair.

➥ Elle brosse ses longs cheveux.

Her father is brushing his pubic hair.

➥ Son père se brosse les poils pubiens.

HAIR dans une citation amusante

I don't need a hair stylist, my pillow gives me a new hairstyle every morning.

Unknown

➥ Je n'ai pas besoin d'un styliste capillaire, mon oreiller me donne une nouvelle coupe de cheveux chaque matin.

SHOULDER : ÉPAULE

JE VAIS L'UTILISER DANS

She carried the baby on her shoulders.

➥ Elle portait l'enfant sur ses épaules.

***BODY* : CORPS**

JE VAIS L'UTILISER DANS

♫ *Girl look at that body ! I work out.* (LMFAO) ♫

➥ Fille, regarde ce corps. Je fais de l'exercice.

The human body

➥ Le corps humain

BODY dans deux citations amusantes

"The human body has no more need for cows' milk than it does for dogs' milk, horses' milk, or giraffes' milk."

Michael Klaper

➥ « Le corps humain n'a pas plus besoin de lait de vache qu'il n'a besoin de lait de chien, de lait de cheval ou de lait de girafe. »

"I can't believe I have to keep washing this stupid body until I die."

Twitter @frenchielaboozi

➥ « Je n'arrive pas à croire que je doive continuer à laver ce corps stupide jusqu'à ce que je meure. »

Bien utiliser l'adjectif *Young*

JEUNE

Young people

➥ Les jeunes

They married young.

→ Ils se sont mariés jeunes.

I told your grandmother she was too young to understand.

→ J'ai dit à ta grand-mère qu'elle était trop jeune pour comprendre.

Your dog is two years younger than my goldfish.

→ Ton chien a deux ans de moins que mon poisson rouge.

YOUNG dans une citation de Nathan de la série *Misfits*

"We are a bunch of young offenders and not one of us knows how to steal a car? That is pathetic!"

→ « Nous sommes une brochette de jeunes délinquants et aucun de nous ne sait comment voler une voiture ? C'est pathétique ! »

5 adjectifs à connaître

final : final
normal : normal
serious : sérieux
previous : précedent
total : total

LEÇON 23

La nature

a berry : un fruit rouge
a branch : une branche
a feather : une plume
a flower : une fleur
a leaf : une feuille
metal : le métal
a river : une rivière
a wave : une vague
a root : une racine
science : la science
a seed : une graine
shade : de l'ombre
a star : une étoile
a tree : un arbre
an island : une île
iron : le fer
wood : le bois
mass : la masse
sand : le sable
grass : l'herbe

Bien utiliser l'adjectif *Common*

COMMUN

A common interest/goal

➥ Un intérêt/but commun

Yes, sir. Marcel is a common French name.

➥ Oui, Monsieur. Marcel est nom français courant.

No, sir! I am sure we don't have a common ancestor. You are ugly and I'm not.

➥ Non, Monsieur ! Je suis certain que nous n'avons pas un ancêtre commun. Vous êtes laid et pas moi.

Le petit mot important : *Against*

[CONTRE]

They were holding banners against gun violence.

➥ Ils tenaient des bannières contre la violence par les armes.

Tout ce que vous allez bientôt savoir dire avec le verbe *Take*

PRENDRE

Here's your micro-wave. I took it by mistake.

➥ Voici ton micro-ondes. Je l'ai pris par erreur.

That's my final offer. Take it or leave it!

➥ C'est ma dernière offre. C'est à prendre ou à laisser !

Shagging her only took me two minutes.

➥ La baiser m'a seulement pris deux minutes.

Do you take credit cards?

➥ Est-ce que vous prenez les cartes de crédit ?

Do you take milk in your coffee?

➥ Est-ce que vous prenez du lait dans votre café ?

Do you think her father takes drugs?

➥ Est-ce que tu penses que son père prend de la drogue ?

Ok, I will take a picture of you mother.

➥ Ok, je vais prendre une photo de ta mère.

Take a seat!

➥ Assieds-toi !

I can't take criticism.

➥ Je ne peux pas supporter la critique.

Don't forget to take your fridge!

➥ N'oublie pas de prendre ton réfrigérateur !

TAKE dans une citation amusante

"Never, under any circumstances, take a sleeping pill and a laxative on the same night."

Dave Barry

➥ « Quelles que soient les circonstances, ne prenez jamais un somnifère et un laxatif le même soir. »

4 verbes anglais + 2 gratuits pour £1, a bargain !

to put : poser
to seem : sembler
to send : envoyer
to shake : agiter
to sign : signer
to sleep : dormir

LEÇON 24

Le petit mot important : *Near*

[PRÈS]

The dog is near the door.

↪ Le chien est près de la porte.

5 petites phrases à glisser dans vos conversations

Really?

↪ Vraiment ? (usage très fréquent)

I would love to do it.

↪ J'adorerais le faire.

It's all gonna be fine.

↪ Tout va bien se passer.

Don't ask.

↪ Évite de poser la question.

Let's face it!

↪ Admettons-le !

Bien utiliser l'adjectif *Clear*

CLAIR, LIMPIDE, PUR

Clear water

→ De l'eau claire

You'll do as you're told. Is that clear Mr. President?

→ Tu vas faire comme on te l'a dit. Est-ce que c'est clair Monsieur le Président ?

You must stop farting in the car. Do I make myself clear?

→ Tu dois arrêter de péter dans la voiture. Est-ce que j'ai bien été clair ?

I hope I made it clear to you that you are no longer welcome in my car.

→ J'espère que j'ai bien été clair, tu n'es plus le bienvenu dans ma voiture.

PHRASAL VERB: COME IN

Signification : entrer

Come in!

→ Entrez !

Bien utiliser l'adjectif *Full*

PLEIN, REMPLI

The car park is full.

→ Le parking est plein.

The petrol tank is full.

➥ Le réservoir est plein.

I was full of hope.

➥ J'étais rempli d'espoir.

7 questions courantes qui commencent par *How*

How are you doing?

➥ Comment allez-vous ?

How are you feeling?

➥ Comment vous sentez-vous ?

How can I help you?

➥ Comment puis-je vous aider ?

How come?

➥ Comment ça se fait ?

How do you know?

➥ Comment le savez-vous ?

How are things going?

➥ Comment vont les choses ?

How is your family?

➥ Comment va votre famille ?

LEÇON 25

PHRASAL VERB: COME BACK

Signification : revenir, faire un come-back

Will the sea lion come back?

→ Est-ce que le lion de mer va revenir ?

Bien utiliser l'adjectif *Whole*

ENTIER

I spent the whole night shagging.

→ J'ai passé toute la nuit à m'envoyer en l'air.

My whole family came to watch me.

→ Toute ma famille est venue me regarder.

PHRASAL VERB: WORK OUT

Signification : faire de l'exercice, résoudre un problème

♫ *I'm sexy and I know it, I work out.* ♫ (LMFAO)

→ Je suis sexy et je le sais, je fais de l'exercice.

Bien utiliser l'adjectif *Human*

HUMAIN

the human body/brain : le corps/cerveau humain
a human error : une erreur humaine

HUMAN dans une citation de *Dr House*

"It's a basic truth of the human condition that everybody lies. The only variable is about what."

↪ « C'est une vérité de base de la condition humaine que tout le monde ment. La seule variable est à propos de quoi. »

Bien utiliser l'adjectif *Central*

CENTRAL

She lives in central London : Elle vit dans le centre de Londres
The central issue : Le problème central

Le petit mot important : *Quite*

[ASSEZ]

He is quite good.

↪ Il est plutôt bon.

7 mots anglais courants qui ne vous feront pas perdre de poids avant l'été même en les prononçant 250 fois chacun chaque jour

a slope : une pente
a sound : un son
a space : un espace
a square : un carré
a stage : une scène
a stone : une pierre
a rhythm : un rythme

IDIOM: SO FAR SO GOOD

➥ Jusqu'ici tout va bien.

Dans une citation de Steven Wright (humoriste américain)

"I intend to live forever. So far, so good."

➥ « J'ai l'intention de vivre éternellement. Jusqu'ici, tout va bien. »

To intend : avoir l'intention de

Bien utiliser l'adjectif *Political*

POLITIQUE

a political party/leader/prisoner :
un parti/leader/prisonnier politique
a political decision : une décision politique

Bien utiliser l'adjectif *Real*

VRAI

I have no real friends. You are my only friend.

➥ Je n'ai pas de vrais amis. Tu es mon seul ami.

You could have told me your mother was a real nerd.

➥ Tu aurais pu me dire que ta mère était une vraie nerd.

Shyla Swift is your porn name. What's your real name?

➥ Shyla Swift est ton nom d'actrice porno. Quel est ton vrai nom?

LEÇON 26

Bien utiliser l'adjectif *Sure*

SÛR

I'll take the pink one. – Are you sure?

➥ Je vais prendre le rose. – Es-tu sûr ?

I am sure France will win the game.

➥ Je suis sûr que la France va gagner le match.

France will win for sure.

➥ La France va gagner, c'est sûr.

Make sure his father doesn't steal a fork again!

➥ Assure-toi que son père ne vole pas encore une fourchette !

Bien utiliser l'adjectif *Happy*

CONTENT, HEUREUX

Happy new year!

➥ Bonne année !

I feel happy today.

➥ Je me sens heureux aujourd'hui.

I would be happy not to help you.

➥ Je serais heureux de ne pas vous aider.

I am very happy for you.

➥ Je suis très content pour toi.

I'm happy you could come.

➥ Je suis content que tu aies pu venir.

Bien utiliser l'adjectif *British*

BRITANNIQUE

The British English : l'anglais britannique
The Bristish weather : Le temps britannique

You have a very British sense of humour. I don't find you funny.

➥ Vous avez un sens de l'humour très britannique. Je ne vous trouve pas drôle.

En voyage : prendre l'avion

a boarding pass : un billet
an immigration officer : un douanier
a hand luggage : un bagage à main
a flight : un vol
a passport : un passport
departures board : le tableau des départs
to check in : s'enregistrer (pour son vol)
a plane : un avion
an airport : un aéroport
on board : à bord
a seat belt : une ceinture

LEÇON 27

Bien utiliser l'adjectif *Different*

DIFFÉRENT

Paul and his brother are completely different.

➥ Paul et son frère sont très différents.

Her mother offered us twelve different kinds of jelly.

➥ Sa mère nous a proposé douze sortes de gelées différentes.

I wanted something a bit different, so I painted his house and his brand new BMW pink.

➥ Je voulais quelque chose d'un peu différent alors j'ai peint sa maison et sa BMW toute neuve en rose.

Indeed, you are right, those two penises are different in shape.

➥ En effet, vous avez raison, ces deux pénis sont de formes différentes.

Bien utiliser le mot *Life*

VIE

I will become famous later in life.

➥ Je deviendrai célèbre sur le tard.

Don't spend your whole life watching porn movies!

➥ Ne passe pas toute ta vie à regarder des films pornos !

I have lived in France all my life!

➥ J'ai vécu en France toute ma vie !

I lead a very interesting life.

➥ Je mène une vie très intéressante.

I will not risk my life for you.

➥ Je ne vais pas risquer ma vie pour toi.

I'm not sure I want to spend the rest of my life with your dog, your mom, your dad and your grandma.

➥ Je ne suis pas sûr de vouloir passer le reste de ma vie avec ton chien, ta maman, ton papa et ta grand-mère.

LIFE dans une citation d'Homer Simpson

"Alcohol, the cause of, and the solution to, all of life's problems."

➥ « L'alcool, la cause de et la solution à tous les problèmes de la vie. »

Tout ce que vous allez bientôt savoir dire avec le verbe *See*

VOIR

I can see you!

➥ Je peux te voir !

Have you seen the film Fight Club*?*

➥ Est-ce que tu as vu le film *Fight Club* ?

Things will get better, you'll see.

➥ Les choses vont aller mieux. Tu verras.

I can see you are upset.

➥ Je peux voir que tu es fâché.

It is so dark that I can't see your boobs.

➥ Il fait si sombre que je ne peux pas voir tes seins.

Turn the light on so I can see you boobs.

➥ Allume la lumière que je puisse voir tes seins.

SEE dans un tweet amusant

When someone says, "I haven't seen you forever", a fun response is, "I know, we're really not that good of friends".

@bridger_w

➥ Quand quelqu'un dit, « Je ne t'ai pas vu depuis une éternité », une réponse amusante est « Je sais, nous ne sommes pas de si bons amis ».

LEÇON 28

Le petit mot important : *After*

[APRÈS]

Nadal dreams big after his crazy win.

➥ Nadal rêve en grand après sa folle victoire.

7 mots anglais courants qui vous seront totalement inutiles pour vous empiffrer dans un salon de thé à Londres

a way : un chemin
a week : une semaine
an answer : une réponse
an attack : une attaque
an attempt : une tentative
an attraction : une attraction
an effect : un effet

5 petites phrases à glisser dans vos conversations

This is my stop.

➥ C'est mon arrêt.

Is Paul home yet?

➥ Est-ce que Paul est déjà à la maison ?

I can't believe you.

➥ J'arrive pas à te croire.

I want that clear.

➥ Je veux que ce soit clair.

Trust me!

➥ Fais-moi confiance !

Bien utiliser l'adjectif *Major*

MAJEUR

A major change/problem

➥ Un changement/problème majeur

A major obstacle/role

➥ Un obstacle/rôle majeur

It's more than likely that it will rain during your three weeks of holidays in London.

➥ Il y a de grandes chances pour qu'il pleuve pendant vos trois semaines de vacances à Londres.

Bien utiliser l'adjectif *Short*

COURT

He has short hair : Il a les cheveux courts
A short walk : Une marche courte
A short stay/holiday : Un court séjour/des vacances courtes

Maîtriser le prétérit

Facile à former et à conjuguer, il suffit d'ajouter *-ed* à la fin du verbe (voir exemple). On l'utilise pour désigner des faits ou des actions qui sont terminés et qui n'ont pas de lien avec le présent.

RÈGLES :

- Si le verbe se termine par un *y* : si ce *y* est précédé d'une consonne, on transforme ce *y* en *i* avant d'y ajouter *–ed* (*study/studied, cry/cried, worry/worried...*).
- Si un verbe n'a qu'une seule syllabe et qu'il se termine par une consonne précédée d'une seule voyelle, doubler la consonne finale et ajouter *-ed*.

I asked	*I looked*
You asked	*You looked*
He/She/It asked	*He/She/It looked*
We asked	*We looked*
You asked	*You looked*
They asked	*They looked*

I cried	*I stopped*
You cried	*You stopped*
He/She/It cried	*He/She/It stopped*
We cried	*You stopped*
You cried	*We stopped*
They cried	*They stopped*

5 petites phrases à glisser dans vos conversations

You're wrong.

➥ Tu as tort.

Spare me.

➥ Épargne-moi ça.

You know what?

➥ Tu sais quoi ?

You don't get it.

➥ Tu n'as pas pigé.

Please tell me you are joking.

➥ S'il te plaît, dis-moi que tu plaisantes.

Les 70 verbes irréguliers les plus courants (1-10)

INFINITIF	PRÉTÉRIT	PARTICIPE PASSÉ	
make	*made*	*made*	faire
go	*went*	*gone*	aller

take	*took*	*taken*	prendre
come	*came*	*come*	venir
see	*saw*	*seen*	voir
know	*knew*	*known*	savoir
get	*got*	*got*	obtenir
give	*gave*	*given*	donner
find	*found*	*found*	trouver
say	*said*	*said*	dire

SAY dans une citation de David Brent de la série *The Office*

"If you want the rainbow you got to take the rain too. You know which philosopher said that? Dolly Parton. And people say she's just a big pair of tits."

➥ « Si vous voulez l'arc-en-ciel vous devez aussi prendre la pluie. Vous savez quel philosophe a dit ça ? Dolly Parton (chanteuse country peroxydée). Et les gens disent qu'elle est juste une grosse paire de seins. »

IDIOM: WHEN PIGS FLY

Cette expression sarcastique est proche de l'expression française « Quand les poules auront des dents ». Elle est utile quand vous pensez qu'un événement a très peu de chance de se produire. Vous pouvez ainsi répondre à votre interlocuteur, d'un air dubitatif : « *Yes and pigs might fly.* »

➥ LA TRADUCTION DÉBILE : **Quand les cochons voleront.**

LEÇON 30

7 mots à taguer dans Londres

si vous voulez vraiment que les passants se demandent « Mais pourquoi diable a-t-il écrit ça ? »

wax : la cire
digestion : la digestion
a stick : un bâtonnet
a sponge : une éponge
soap : du savon
a fork : une fourche
a pump : une pompe

A.M./P.M., ne plus se tromper,

cela évite d'arriver avec 12 heures d'avance à un rendez-vous (ou 12 heures de retard, pas mieux)

A.M. (ante meridiem) : le matin
P.M. (post meridiem) : l'après-midi et le soir

Voici un moyen mnémotechnique très simple : A.M. sont les premières lettres d'après-midi, donc elles désignent la matinée.

Bien utiliser le mot *Sun*

LE SOLEIL

The sun was shining.

➥ Le soleil brillait

You are English. You should try to keep out of the sun.

→ Tu es anglais. Tu devrais essayer de rester à l'écart du soleil.

We sat in the sun.

→ On s'est assis au soleil.

En voyage : prendre l'*undergound*

a ticket : un billet
adult :adulte
child :enfant
to get on : monter
to get off : descendre
to change : changer
public transport : les transports en commun
undergroung, tube : le métro
a map : une carte

Bien utiliser l'adjectif *Particular*

PARTICULIER

I'm very particular.

→ Je suis très particulier.

Why did you ask if I was Fantômas? – No particular reason.

→ Pourquoi est-ce que tu m'as demandé si j'étais Fantômas ? – Aucune raison particulière.

LEÇON 31

Tout ce que vous allez bientôt savoir dire avec le verbe *Come*

VENIR

Come here!

➥ Viens ici !

Are you coming with me?

➥ Est-ce que tu viens avec moi ?

Summer came late this year in Brighton.

➥ L'été est arrivé tard cette année à Brighton.

Don't come near my inflatable crocodile!

➥ Ne t'approche pas de mon crocodile gonflable !

He came by car.

➥ Il est venu en voiture.

If you're ever in Normandy, come and visit us!

➥ Si tu passes en Normandie, passe nous voir !

Can I come too? – No.

➥ Est-ce que je peux venir aussi ? – Non.

I made her come twice.

➥ Je l'ai fait jouir deux fois.

I'll come with you.

→ Je vais venir avec vous.

COME dans une citation de Gabrielle de la série *Desperate Housewives*

"Do you know how bored I was today? I came this close to actually cleaning the house."

→ « Est-ce que tu sais à quel point je me suis ennuyée aujourd'hui ? J'étais tout près de faire le ménage. »

Bien utiliser l'adjectif *Open*

OUVERT

An open window/door

→ Une fenêtre/porte ouverte

The supermarkets are open on Sundays.

→ Les supermarchés sont ouverts le dimanche.

Anglais/américain : les 14 mots importants sur lesquels ces deux pays pourraient au moins faire l'effort de s'harmoniser, car pour nous, c'est deux fois plus de boulot pour les apprendre et, honnêtement, on n'a pas que ça à faire

UK	*US*	FR
nasty	*mean*	méchant
pavement	*sidewalk*	trottoir
petrol	*gas*	essence
film	*movie*	film
flat	*apartment*	appartement
lift	*elevator*	ascenseur
holiday(s)	*vacation*	vacances
lorry	*truck*	camion
shop	*store*	magasin
taxi	*cab*	taxi
tube	*subway*	métro
angry	*mad*	en colère
crisps	*chips*	chips
motorway	*freeway*	autoroute

7 mots anglais courants à ne surtout pas vous faire tatouer sur le haut des fesses lors de votre passage dans Carnaby Street

a process : un processus
a purpose : un but
a question : une question
a reaction : une réaction
a reason : une raison
a record : un record
a religion : une religion

Les 70 verbes irréguliers les plus courants (11-21)

INFINITIF	PRÉTÉRIT	PARTICIPE PASSÉ	
hold	*held*	*held*	tenir
write	*wrote*	*written*	écrire
stand	*stood*	*stood*	se tenir debout
let	*let*	*let*	permettre/louer
mean	*meant*	*meant*	signifier
set	*set*	*set*	fixer
meet	*met*	*met*	rencontrer
run	*ran*	*run*	courir
pay	*paid*	*paid*	payer
hear	*heard*	*heard*	entendre
buy	*bought*	*bought*	acheter

HEAR dans un tweet amusant

"Just heard a guy at the dog park tell his dog 'NO!' and then more quietly, 'We talked about this"!"

➥ « Je viens juste d'entendre un gars dans le parc à chiens dire à son chien "NON !" et ensuite plus calmement "Nous avons déjà parlé de cela" ! »

BUY dans une citation amusante

"A stockbroker urged me to buy a stock that would triple its value every year. I told him, 'At my age, I don't even buy green bananas'."

Claude Pepper

→ « Un courtier m'a pressé d'acheter une action qui devrait tripler sa valeur tous les ans. Je lui ai dit "À mon âge, je n'achète même pas de bananes vertes". »

IDIOM: GET A LIFE!

→ À dire à une personne qui dit ou fait quelque chose de particulièrement ennuyeux et qui ferait mieux de se trouver des activités plus intéressantes ou excitantes.

5 expressions à utiliser lorsque vous partez

Keep in touch.

→ Reste en contact.

See you soon.

→ À bientôt.

Be careful.

→ Fais attention.

Be good.

➥ Sois sage.

Take it easy.

➥ Vas-y doucement.

Bien utiliser l'adjectif *Difficult*

DIFFICILE

I find it very difficult to get up before 1 p.m.

➥ Je trouve cela très difficile de se lever avant 13 h.

I had a difficult childhood.

➥ J'ai eu une enfance difficile.

Choosing between an inflatable crocodile and an inflatable dolphin is always a difficult task.

➥ Choisir entre un crocodile gonflable et un dauphin gonflable est toujours une tâche difficile.

My lizard is making life very difficult for me.

➥ Mon lézard me rend la vie très difficile.

PHRASAL VERB: GO WITH

Signification : aller avec (vêtements)

Your trousers don't go with your socks.

➥ Ton pantalon ne va pas avec tes chaussettes.

LEÇON 33

Tout ce que vous allez bientôt savoir dire avec le verbe *Think*

PENSER/RÉFLÉCHIR

Let me think.

➥ Laisse moi réfléchir.

Think carefully before you reply.

➥ Réfléchis bien avant de répondre.

I think so.

➥ Oui, je crois.

What did you think of my wife?

➥ Qu'est-ce que tu as pensé de ma femme ?

I think it is important to buy his father a new inflatable crocodile.

➥ Je pense qu'il est important d'acheter à son père un nouveau crocodile gonflable.

He is thinking about moving.

➥ Il pense à déménager.

THINK dans une citation amusante

"Those people who think they know everything are a great annoyance to those of us who do."

Isaac Asimov

➥ « Ces gens qui pensent qu'ils connaissent tout sont une grande contrariété pour nous qui savons tout. »

Bien utiliser l'adjectif *Far*

LOIN

Is it far?

➥ Est-ce que c'est loin ?

How far is it to London?

➥ Combien y-a-t-il jusqu'à Londres ?

It's not far from Paris.

➥ Ce n'est pas loin de Paris.

We could bonk. My hotel is not far from here.

➥ On pourrait s'envoyer en l'air. Mon hôtel n'est pas loin d'ici.

PHRASAL VERB: PUT ON

Signification : mettre

Put on your suit, Fantômas!

➥ Enfile ton costume, Fantômas !

Bien utiliser le mot *Year*

ANNÉE

I lived in Marseille for three years.

➥ J'ai vécu à Marseille pendant trois ans.

My dog is only two years old.

➥ Mon chien a seulement deux ans.

Sir, in years to come, I'Il be president.

➥ Monsieur, dans les années qui viennent, je vais devenir président.

At this time of year the sea is cold.

➥ À cette époque de l'année, la mer est froide.

I haven't seen the Queen in a year.

➥ Je n'ai pas vu la reine de l'année.

The zoo is open all year round.

➥ Le zoo est ouvert toute l'année.

I gave up wanking one year ago.

➥ J'ai abandonné la branlette il y a un an.

4 adjectifs à connaître

appropriate : approprié
top : haut, dessus
basic : élémentaire, de base
military : militaire

LEÇON 34

Original : j'aime beaucoup les animaux,
oui, et aller au zoo. Ne me jugez pas ! Laissez moi tranquille.

an animal : un animal
a pig : un cochon
a rat : un rat
a monkey : un singe
a fly : une mouche
a fowl : une volaille
a goat : une chèvre
a horse : un cheval
a fish : un poisson
a cat : un chat
a cow : une vache
a farm : une ferme
a bird : un oiseau
a bee : une abeille
a sheep : un mouton
a snake : un serpent
an ant : une fourmi
an insect : un insecte
a dog : un chien

DOG dans une citation amusante

"Dogs never bite me, just humans."

Marilyn Monroe

➥ « Les chiens ne me mordent jamais, juste les humains. »

Bien utiliser l'adjectif *Past*

PASSÉ

the past year : l'année passée
in past time : autrefois
past events : événements passés

George, let's forget about who punctured your inflatable dolphin. It's all in the past.

↳ George, oublions qui a crevé votre dauphin gonflable. C'est de l'histoire ancienne.

PHRASAL VERB: PAY BACK

Signification : rembourser, faire payer quelque chose à quelqu'un

I will pay you back on Monday.

↳ Je te rembourserai lundi.

7 mots anglais courants à ne jamais crier lors d'une minute de silence demandée par la reine

a match : une allumette
a measure : une mesure
a motion : un mouvement
a name : un nom
a need : un besoin
a box : une boîte
a brush : une brosse

Top 3 des expressions pas toujours très sympas mais bien utiles avec *keep* !

Keep cool!

↳ On reste calme !

Keep quiet!

↳ Silence !

Keep calm and carry on!

➥ Reste(z) calme et continue(z) !

PHRASAL VERB: CHEAT ON

Signification : tromper

Your mother cheated on me.

➥ Ta mère m'a trompé.

Bien utiliser l'adjectif *Low*

BAS

low clouds : des nuages bas
a low table : une table basse
low prices : des prix bas

Bien utiliser l'adjectif *Private*

PRIVÉ

Do not enter in my private bathroom, I'm reading!

➥ N'entrez pas dans mes toilettes privées, je lis !

A private joke

➥ Une private joke

May I speak to your wife in private?

➥ Est-ce que je peux parler à votre femme en privé ?

LEÇON 35

Interroger les Anglais pour mieux les connaître et enfin peut-être réussir à les aimer plus...

What is it?

➥ Qu'est-ce que c'est ?

What do you do?

➥ Qu'est-ce que tu fais ?

Who let the dog out?

➥ Qui a laissé sortir le chien ?

When do I ovulate?

➥ Quand est-ce que j'ovule ?

Where is Chuck Norris's phone?

➥ Où est le téléphone de Chuck Norris ?

Why are you so fat?

➥ Pourquoi es-tu si gros ?

Whose mobile number is this?

➥ À qui est ce numéro de téléphone ?

Whose song is this?

➥ De qui est cette chanson ?

5 petites phrases à glisser dans vos conversations

Just in time!

➥ Juste à temps !

Hey, glad you made it!

➥ Hey, heureux que vous ayez pu venir !

I'll tell you what.

➥ Je vais te dire quoi.

Don't go!

➥ N'y va pas !

Wait.

➥ Attends.

9 autres mots français qui ressemblent beaucoup à de l'anglais mais qui n'en sont pas ! #remboursez

un surbooking : *an overbooking*
un slip : *a pair of underpants*
un shampooing : *a shampoo*
un recordman : *a record holder*
un lifting : *a face lift*
faire le forcing : *to put the pressure on*
un camping-car : *a camping van*
un Caddie® : *a trolley*
le catch : *wrestling*
un strip-teaseur: *a stripper*

PHRASAL VERB: GO THROUGH

Signification : passer, endurer, traverser

I know that Mario is going through a bad year since the death of his goldfish.

➥ Je sais que Mario traverse une mauvaise année depuis la mort de son poisson rouge.

Les 70 verbes irréguliers les plus courants (22-30)

INFINITIF	PRÉTÉRIT	PARTICIPE PASSÉ	
sit	*sat*	*sat*	s'asseoir
tell	*told*	*told*	dire
become	*became*	*become*	devenir
show	*showed*	*shown*	montrer
leave	*left*	*left*	quitter
feel	*felt*	*felt*	sentir
begin	*began*	*begun*	commencer
keep	*kept*	*kept*	garder
bring	*brought*	*brought*	apporter

BRING dans une citation amusante

"Before I got married I had six theories about bringing up children; now I have six children and no theories."

John Wilmot

➥ « Avant que je me marie, j'avais six théories différentes sur l'éducation des enfants ; maintenant j'ai six enfants et plus de théories. »

LEÇON 36

7 mots anglais qui ne vous feront très probablement jamais gagner une partie de Scrabble, d'autant plus si vous jouez en français

a gun : un pistolet
a hole : un trou
a line : une ligne
a list : une liste
a pot : un pot
a step : une étape
the top : le sommet

Bien utiliser le mot *Baby*

UN BÉBÉ

Oh Baby, I love you! : Oh chéri(e), je t'aime !
A baby-seat : Un siège bébé
A five-week-old baby : Un bébé de cinq semaines
The baby is crying : Le bébé pleure

Le petit mot important : *But*

[MAIS]

Sorry, but I think it's my dog.

➥ Désolé, mais je pense que c'est mon chien.

Bien utiliser l'adjectif *Economic*

ÉCONOMIQUE

an economic crisis : une crise économique
economic growth : la croissance économique

IDIOM: STRAIGHT FROM THE HORSE'S MOUTH

- Apprendre une nouvelle ou une information de source sûre.

LA TRADUCTION DÉBILE : **Je l'ai appris de la bouche du cheval.**

Dans une citation de Big Boi (rappeur américain)

"One thing I like about Twitter is that you can hear it from the horse's mouth."

- « Un truc que j'aime avec Twitter, c'est que ça vient de source sûre. »

Bien utiliser le mot *Horse*

UN CHEVAL

She rides a horse and that dick like crazy.

- Elle monte à cheval et cette bite comme une folle.

He could eat a horse.

- Il a une faim de loup (Litt : Il pourrait manger un cheval).

I spend all my money on the horses.

- Je dépense tout mon argent dans les chevaux.

LEÇON 37

Devenir un maître du mot *Shit* !

Le mot anglais *shit* signifie *merde*. Au cours des derniers siècles, au même rythme que les Français ont élaboré de multiples expressions avec les dérivés du mot merde (T'as merdé, un fout-la-merde, un truc merdique...), de l'autre côté de la Manche, les Anglais ont créé des expressions avec le mot *shit*. Découvrez dix de leurs expressions familières avec ce mot ou un de ses dérivés.

I had a shitty day.

➥ J'ai eu une journée merdique.

It was shitty.

➥ C'était merdique.

In Brighton, Sarah was shitfaced most of the time.

➥ À Brighton, Sarah était totalement bourrée la plupart du temps.

Did you see that shitbox she was driving? It was a Citroën.

➥ Est-ce que tu as vu la caisse de merde qu'elle conduisait ? C'était une Citroën.

I don't give a shit!

➥ J'en ai rien à foutre !

That's total bullshit!

➥ C'est des grosses conneries !

Paul is a total shithead.

➥ Paul est un gros connard.

In Disneyland, "it's a small world" scared the shit out of me.

➥ À Disneyland, « it's a small world » m'a foutu la trouille.

This dude is so full of shit.

➥ Ce mec est bidon.

Are you shitting me?

➥ Tu te fiches de moi ?

Stop talking shit!

➥ Arrête de dire des conneries !

They have shitloads of money.

➥ Ils ont un max de thunes.

PHRASAL VERB: MOVE ON

Signification : passer à autre chose

Move on!

➥ Passe à autre chose !

Le petit mot important : *Every*

[CHAQUE]

Every day, every hour, every minute, I love her.

↪ Chaque jour, chaque heure, chaque minute, je l'aime.

5 petites phrases à glisser dans vos conversations

I have had enough of you.

↪ J'ai eu ma dose (de toi).

That's just so funny!

↪ C'est super-drôle !

There is a catch.

↪ Il y a un truc.

It doesn't make sense.

↪ Ça n'a pas de sens.

How is your herpes?

↪ Comment va ton herpès ?

Le petit mot important : *Though*

[BIEN QUE]

Though young, he is silly.

↪ Bien que jeune, il est débile.

LEÇON 38

Bien utiliser l'adjectif *Early*

TÔT

I hate having to get up early.

- ➥ Je déteste devoir me lever tôt.

In the early 1970s...

- ➥ Au début des années 70...

The boar and his father were ten minutes early.

- ➥ Le sanglier et son père étaient dix minutes en avance.

The snow came early that year to the British beaches. In August.

- ➥ La neige était arrivée tôt cette année-là sur les plages britanniques. En août.

It is too early to predict if it will snow in August in London.

- ➥ C'est trop tôt pour prédire s'il va neiger en août à Londres.

4 petites phrases à glisser dans vos conversations

Where have you been?

- ➥ T'étais où ?

Fair enough

➥ Bon d'accord (Je n'ai pas d'objection.)

I know.

➥ Je sais.

I mean...

➥ Je veux dire...

5 petites phrases à glisser dans vos conversations

What's the matter?

➥ C'est quoi le problème ?

I'm deadly serious.

➥ Je suis hyper sérieux.

What's wrong?

➥ Qu'est-ce qui ne va pas ?

You look amazing.

➥ Tu es super beau/belle.

I think so.

➥ Je pense que oui.

En voyage : prendre l'eurostar

a single ticket : un billet aller simple
a return ticket : un billet aller-retour
a platform : un quai

a seat : un siège
first class : première classe
second class : seconde classe
a railway station : une gare
a tunnel : un tunnel
to miss a train : rater un train
to catch a train : attraper un train
to be delayed : avoir du retard

Bien utiliser l'adjectif *Main*

PRINCIPAL

the main entrance : l'entrée principale
the main course : le plat principal

The main thing is not to worry.

→ La chose la plus importante est de ne pas s'inquiéter.

Bien utiliser le mot *Problem*

PROBLÈME

What's your problem?

→ Quel est ton problème ?

I'm having problems with your cat. It does not like me.

→ Je rencontre des problèmes avec ton chat. Il ne m'aime pas.

The problem is you.

→ Le problème, c'est toi.

Thanks for the bonk. – No problem.

→ Merci pour la partie de jambes en l'air. – Pas de problème.

LEÇON 39

Tout ce que vous allez bientôt savoir dire avec le verbe *Look*

REGARDER

You are 31? You look about 59.

➥ Vous avez 31 ans ? Vous avez l'air d'en avoir environ 59.

What does my wife look like? She is small, fat, ugly and with a big nose.

➥ À quoi ressemble ma femme ? Elle est petite, grosse, moche et avec un gros nez.

I don't know where my inflatable dolphin is. I've looked everywhere.

➥ Je ne sais pas où est mon dauphin gonflable. J'ai regardé partout.

That new film looks good.

➥ Ce nouveau film a l'air bien.

Look! I'm sure that's not George Clooney! That's my mother.

➥ Regarde ! Je suis sûr que ce n'est pas George Clooney ! C'est ma mère.

Don't look now! His father is wanking.

➥ Ne regarde pas maintenant ! Son père est en train de se branler.

Les sentiments humains positifs

a belief : une croyance
a crush : un coup de cœur
a decision : une décision
a desire : un désir
a relation : une relation
a quality : une qualité
a request : une demande
a smile : un sourire
a suggestion : une suggestion
a surprise : une surprise
a thought : une pensée
an approval : une approbation
an idea : une idée
a feeling : un sentiment
harmony : l'harmonie
help : l'aide
hope : l'espoir
humour : l'humour
love : l'amour
pleasure : le plaisir
respect : le respect
behaviour : le comportement
the mind : l'esprit

Bien utiliser l'adjectif *Little*

PETIT, PEU

A little car/house

➥ Une petite voiture/maison

With a little bit of luck!

➥ Avec un peu de chance !

Would you like a little drop of vodka?

➥ Est-ce que vous voulez un peu de vodka ?

5 adjectifs à connaître

natural : naturel
individual : individuel

current : courant
modern : moderne
legal : juridique

5 petites phrases à glisser dans vos conversations

Let's go!

➥ Allons-y !

Prove it!

➥ Prouve-le !

That's not a good idea.

➥ Ce n'est pas une bonne idée.

I have to go.

➥ Je dois partir.

You made it.

➥ Tu l'as fait (réussite).

10 contractions fréquentes à connaître

1. *they're = they are*
2. *you've = you have*
3. *you'll = you will*
4. *haven't = have not*
5. *weren't = were not*
6. *aren't = are not*
7. *you'd = you would*
8. *shouldn't = should not*
9. *we've = we have*
10. *who's = who is*

LEÇON 40

Le petit mot important : *With*

[AVEC]

She was with a guy with short hair.

➥ Elle était avec un gars aux cheveux courts.

7 petites phrases très utiles qui commencent par *I'm*

I'm fine : Je vais bien
I'm in a hurry : Je suis pressé
I'm busy : Je suis occupé
I'm in : J'en suis (Je suis partant)
I'm doing okay : Je vais bien
I'm not kidding : Je ne plaisante pas
I'm sorry to hear that : Je suis désolé d'entendre ça

Les 70 verbes irréguliers les plus courants (31-40)

INFINITIF	PRÉTÉRIT	PARTICIPE PASSÉ	
speak	*spoke*	*spoken*	parler
lie	*lay*	*lain*	s'allonger
lead	*led*	*led*	mener
read	*read*	*read*	lire
grow	*grew*	*grown*	grandir/pousser
lose	*lost*	*lost*	perdre

fall	*fell*	*fallen*	*tomber*
send	*sent*	*sent*	*envoyer*
build	*built*	*built*	*construire*
think	*thought*	*thought*	*penser*

THINK dans une situation amusante

What my girlfriend thought, first 4 dates:

1. Nice shirt.

2. Wow. A second nice shirt.

3. Okay, first shirt again.

4. He has two shirts.

(Twitter _ @Ristolable)

➥ Ce que ma petite amie a pensé, les 4 premiers rendez-vous

1. Jolie chemise.
2. Wow, une deuxième belle chemise.
3. Ok, à nouveau la première chemise.
4. Il a deux chemises.

IDIOM: TO TAKE THE MICKEY

➥ Imiter ce que fait ou dit quelqu'un pour faire rire l'auditoire.

LA TRADUCTION DÉBILE : prendre le mickey.

LEÇON 41

Le petit mot important : *Between*

[ENTRE]

Nothing will happen between us. You are 7 and I'm 42.

→ Rien ne se passera entre nous. Tu as 7 ans et moi, 42.

My mother lives between the center and the airport.

→ Ma mère habite entre le centre et l'aéroport.

Le petit mot important : *Because*

[À CAUSE DE]

In Brighton, because of the snow on the beach in July, we couldn't bathe.

→ À Brighton, en juillet, à cause de la neige sur la plage, on ne pouvait pas se baigner.

Bien utiliser l'adjectif *Simple*

SIMPLE

A simple solution

→ Une solution simple

The answer is really simple.

→ La réponse est très simple.

The melody of English pop music is always very simple.

↳ La mélodie de la pop anglaise est toujours très simple.

PHRASAL VERB: PUT UP WITH

Signification : tolérer

I can't put up with your dog's snoring.

↳ Je ne peux pas tolérer le ronflement de ton chien.

7 mots anglais courants garantis sans gluten

a place : un endroit
a pocket : une poche
a person : une personne
a poison : un poison
a position : une position
a powder : une poudre
a prison : une prison

PHRASAL VERB: MAKE OUT

Signification : faire semblant, apercevoir

Hey, I can make out a flying saucer.

↳ Hé, je peux voir une soucoupe volante.

5 petites phrases à glisser dans vos conversations

No, it's okay.

↳ Non, ça va.

I know.

↳ Je sais.

You're right!

↳ T'as raison !

I don't get it.

↳ Je ne comprends pas.

You don't understand...

↳ Tu ne comprends pas...

Bien utiliser l'adjectif *Necessary*

NÉCESSAIRE

If necessary, you can contact my wife, Margaret.

↳ Si nécessaire, vous pouvez contacter ma femme, Margaret.

It is absolutely necessary for you to have plastic surgery.

↳ Il est absolument nécessaire pour vous d'avoir une opération de chirurgie esthétique.

Paul, it's not necessary to wear a tie in bed.

↳ Paul, il n'est pas nécessaire de porter une cravate au lit.

I don't think it is necessary for us to meet your new cat again.

↳ Je ne crois pas qu'il soit nécessaire pour nous de rencontrer une nouvelle fois votre nouveau chat.

Top 5 des verbes anglais courants qui contiennent au moins une voyelle #troppourri #livreàchier

to taste : goûter
to touch : toucher
to trick : rouler
to turn : tourner
to use : utiliser

6 mots anglais courants que vous prononceriez peut-être avec un meilleur accent en étant bourré au pub (pas certain, mais c'est à tester rapidement en tout cas !)

a stop : un arrêt
a story : une histoire
a substance : une substance
a support : un soutien
a thread : un fil
a watch : une montre

Tout ce que vous allez bientôt savoir dire avec le verbe *Want*

VOULOIR

Do you want another cup of tea?

➥ Est-ce que tu veux une autre tasse de thé ?

You want a drink?

➥ Tu veux un verre ?

Don't worry, I'm wanted by the police.

- ➥ Ne vous inquiétez pas, je suis recherché par la police.

You want me more than ever (sex).

- ➥ Tu me veux plus que jamais.

All I want is the truth. Where is my inflatable crocodile?

- ➥ Tout ce que je veux c'est la vérité. Où est mon crocodile gonflable ?

I can do whatever I want.

- ➥ Je peux faire ce que je veux.

I bonk a lot. I have always wanted a large family.

- ➥ Je baise beaucoup. J'ai toujours voulu une grande famille.

WANT dans une citation amusante

"At every party, there are two kinds of people. Those who want to go home and those who don't. The trouble is, they are usually married to each other."

Ann Landers

- ➥ « À chaque fête, il y a deux types de personnes. Ceux qui veulent rentrer chez eux et ceux qui ne veulent pas. L'ennui est qu'ils sont en général mariés l'un à l'autre. »

LEÇON 43

Bien utiliser le mot *Man*

HOMME (PLURIEL *MEN*)

I'm an ambitious young man.

↪ Je suis un jeune homme ambitieux.

Our man in London

↪ Notre homme à Londres

A dirty old man

↪ Un vieux pervers

Don't cry, be a man!

↪ Arrête de pleurer, sois un homme !

Nice shirt, man!

↪ Jolie chemise, mec !

I'm your man.

↪ Je suis votre homme.

MAN dans une citation de Sheldon de la série *Big Bang Theory*

"Howard, you know me to be a very smart man. Don't you think that if I were wrong, I'd know it?"

→

➥ « Howard, tu sais que je suis un homme très intelligent. Tu ne penses pas que si j'avais tort, je le saurais ? »

Bien utiliser l'adjectif *Great*

GRAND, GÉNIAL, SUPER

I feel great.

➥ Je me sens super bien.

I am great at algebra.

➥ Je suis très bon en algèbre.

Paul, you've been a great help.

➥ Paul, vous avez été d'une grande aide.

Are you a great admirer of my work?

➥ Êtes-vous un grand admirateur de mon travail ?

Is Great Britain really great?

➥ Est-ce que la Grande-Bretagne est vraiment géniale ?

The Great Barrier Reef

➥ La grande barrière de corail

GREAT dans une citation de *Dr House*

"It's one of the great tragedies of life – something always changes."

➥ « C'est une des grandes tragédies de la vie – il y a toujours quelque chose qui change. »

L'entreprise

the balance : le solde
a committee : un comité
a credit : un crédit
a debt : une dette
a machine : une machine
a manager : un manager
a meeting : une réunion
a number : un nombre
a parcel : un colis
a payment : un paiement
a plant : une usine
a price : un prix
a profit : un profit
a range : une gamme
a rate : un taux
a receipt : un reçu
a screw : une vis
a system : un système
a tax : un impôt
a tendency : une tendance
a work : un travail
an account : un compte
an act : une loi
an addition : un ajout
an advertisement : une publicité
an agreement : un accord
an amount : un montant
an engine : un moteur
an expert : un expert
an insurance : une assurance
an interest : un intérêt
an invention : une invention
an office : un bureau
an organization : une organisation
business : les affaires
growth : la croissance
increase : une augmentation
industry : l'industrie
power : la puissance
scissors : des ciseaux
the authority : l'autorité
trade : le commerce
value : la valeur
a secretary : un(e) secrétaire
money : l'argent

LEÇON 44

MONEY dans une citation amusante

"A bank is a place that will lend you money, if you can prove that you don't need it."

Bob Hope

➥ « Une banque est un endroit qui va vous prêter de l'argent si vous pouvez prouver que vous n'en avez pas besoin. »

I love beaucoup ton anatomie (4)

MOUTH : BOUCHE

JE VAIS L'UTILISER DANS

Mr. President, don't talk with your mouth full!

➥ Monsieur le Président, ne parlez pas la bouche pleine !

Her grandmother kissed her on the mouth.

➥ Sa grand-mère l'a embrassée sur la bouche.

Mr. President, you shouldn't put so much food in your mouth at once!

➥ Monsieur le Président, vous ne devriez pas en mettre autant dans votre bouche en une seule fois !

LIP : LÈVRE

JE VAIS L'UTILISER DANS

He kissed me on the lips.

→ Il m'a embrassé sur les lèvres.

Lip gloss

→ Gloss à lèvres

FINGER : DOIGT

JE VAIS L'UTILISER DANS

To give somebody the finger : Faire un doigt à quelqu'un
My little finger : Mon petit doigt
I'm keeping my fingers crossed : Je croise les doigts

Tout ce que vous allez bientôt savoir dire avec le verbe *Give*

DONNER

I am French. I don't give the waiter a tip.

→ Je suis français. Je ne donne pas de pourboire au serveur.

Give your father a condom!

→ Donne un préservatif à ton père !

Give me a beer!

→ Donne-moi une bière !

Give him a call today!

→ Passe-lui un appel aujourd'hui !

I'd give anything to see your mother naked.

➥ Je donnerais tout pour voir ta mère toute nue.

GIVE dans une citation de Hank Moody de la série *Californication*

"Are you sexually harassing me right now? Because if you are, I think I'm gonna have to report you. For giving me a serious boner."

➥ « Êtes-vous en train de me harceler sexuellement en ce moment même ? Car si vous le faites, je pense que je vais devoir vous signaler. Pour m'avoir donné une grosse érection. »

Le petit mot important : *Across*

[D'UN CÔTÉ À L'AUTRE]

He walks across the park every day.

➥ Il traverse le parc chaque jour.

[DE L'AUTRE CÔTÉ]

Look at the car across the street.

➥ Regarde la voiture de l'autre côté de la rue.

En voyage : aller à l'hôtel

a single/double bed : un lit simple/double
a single/double bedroom : une chambre simple/double
a reservation : une réservation
a towel : une serviette
a key : une clé
a room : une chambre
for one night/two nights : pour une nuit/deux nuits
a breakfast : un petit-déjeuner
a youth hostel : une auberge de jeunesse

5 verbes anglais courants que vous n'aurez plus besoin de copier sur votre voisin lors d'une interro (enfin, si vous les apprenez !)

to go : aller
to grip : saisir
to join : rejoindre
to keep : garder
to kiss : embrasser

FUCK! Fuck! fuck!

Le verbe anglais *to fuck* signifie *baiser.* Il fait partie des mots les plus employés en anglais à l'oral et on le retrouve dans un nombre gigantesque de *fucking* expressions. Voici quelques-unes des plus courantes.

Fuck you!

➥ Va te faire foutre !

What the fuck are you doing?

➥ Qu'est ce que tu fous ?

Fuck you all!

➥ Allez tous vous faire foutre !

What the fuck?

➥ C'est quoi ce délire ? (abréviation : WTF)

I don't give a fuck!

➥ J'en ai rien à branler !

Don't fuck up this time!

➥ Ne merde pas cette fois-ci !

I'm a fucking good player!

➥ Je suis un putain de bon joueur !

He is a fucking idiot!

➥ C'est un putain d'idiot !

Don't fuck with me!

➥ Ne me faites pas chier !

What a fucking waste of time!

➥ Quelle putain de perte de temps !

Oh, fuck! We've missed the plane!

➥ Oh, merde ! Nous avons loupé l'avion !

Bien utiliser l'adjectif *Poor*

PAUVRE/MÉDIOCRE

Paul, why do you live in the poor side of town?

→ Paul, pourquoi vivez-vous dans la partie pauvre de la ville ?

Your work is very poor.

→ Votre travail est médiocre.

You are a poor swimmer.

→ Vous êtes un nageur médiocre.

Are you too poor to buy clothes for your dog?

→ Êtes-vous trop pauve pour acheter des vêtements à votre chien ?

Your French essay is poorly written.

→ Votre essai en français est mal écrit.

PHRASAL VERB: LOOK AT

Signification : regarder, considérer

Batman, look at me bastard when I am talking to you!

→ Batman, regarde-moi salopard quand je te parle !

Le petit mot important : *Enough*

[ASSEZ]

♫ *I just can't get enough.* ♫ (Depeche Mode)

→ Je n'en ai jamais assez.

LEÇON 46

5 petites phrases à glisser dans vos conversations

Honey, we need to talk.

➥ Chéri, il faut qu'on parle.

Are you okay?

➥ Est-ce que ça va ?

It makes sense.

➥ Ça a du sens.

Don't even tell me!

➥ Ne m'en parle même pas !

I'll be right back.

➥ Je reviens tout de suite.

Le petit mot important : *Until*

[JUSQU'À]

We stayed until 3 a.m, until she came back.

➥ Nous sommes restés jusqu'à 3 heures du matin, jusqu'à ce qu'elle revienne.

Tout ce que vous allez bientôt savoir dire avec le verbe *Use*

UTILISER

The oven is easy to use.

↳ Le four est facile à utiliser.

You are using me for your own ends.

↳ Tu m'utilises pour arriver à tes fins.

Her father has used all the hot water again.

↳ Son père a une nouvelle fois utilisé toute l'eau chaude.

He used his savings to buy an iPhone.

↳ Il a utilisé ses économies pour acheter un iPhone.

Margaret, who used the last condom?

↳ Margaret, qui a utilisé le dernier préservatif ?

Does your grandma still use drugs?

↳ Est-ce que ta grand-mère utilise toujours de la drogue ?

Bien utiliser l'adjectif *New*

NOUVEAU, NEUF

I'm looking for a new job.

↳ Je cherche un nouveau travail.

I have a new phone number.

➥ J'ai un nouveau numéro de téléphone.

I don't like your new hairstyle.

➥ Je n'aime pas ta nouvelle coupe de cheveux.

I can afford to buy a brand new Land Rover.

➥ Je peux me permettre de m'acheter un Land Rover tout neuf.

Let me show your parents my brand new inflatable crocodile!

➥ Laisse-moi montrer à tes parents mon crocodile gonflable tout neuf !

Bien utiliser l'adjectif *Following*

SUIVANT

We met the following day/week/month.

➥ Nous nous sommes rencontrés le jour/semaine/mois suivant.

For this classic British dish, combine the following ingredients: butter, milk, anchovies, sugar, bananas, oysters, bacon, mayonnaise, oil.

➥ Pour ce plat britannique classique, combinez les ingrédients suivants : beurre, lait, anchois, sucre, bananes, huîtres, bacon, mayonnaise, huile.

LEÇON 47

L'habitat et la ville

a bath : un bain
a bed : un lit
a brick : une brique
a bulb : une ampoule
a curtain : un rideau
a door : une porte
a drawer : un tiroir
a floor : un plancher
a garden : un jardin
a key : une clé
a lift : un ascenseur
a lock : un verrou
a property : une propriété
a roof : un toit
a room : une chambre
a shelf : une étagère
a street : une rue
a table : une table
a wall : un mur
a window : une fenêtre
a wing : une aile
a wire : un fil
an apparatus : un appareil
an owner : un propriétaire
comfort : le confort
sheets : les draps
a building : un bâtiment
a town : une ville

I love beaucoup ton anatomie (5)

HEART : CŒUR

JE VAIS L'UTILISER DANS

He lives in the heart of Paris.

➥ Il vit au cœur de Paris.

Thank you with all my heart.

➥ Merci de tout mon cœur.

FOOT : PIED (*PLURIEL : FEET*)

JE VAIS L'UTILISER DANS

on foot : *à pied*

LEG : JAMBE

JE VAIS L'UTILISER DANS

You're pulling my leg!

➥ Tu me fais marcher ! (Litt. Tu me tires sur la jambe !)

She broke a leg skiing.

➥ Elle s'est cassé la jambe en skiant.

PHRASAL VERB: WORK ON

Signification : travailler à quelque chose

My grand-mother is working on her post-pregnancy weight loss.

➥ Ma grand-mère travaille sur sa perte de poids postnatale.

Top 7 des mots anglais courants

qui ne veulent rien dire de spécial si vous lisez à l'envers #trèsdéçevant

a control : un contrôle
a cord : un cordon
a cover : une couverture
a crime : un délit
a curve : une courbe
the church : l'église
damage : un dommage

Tout ce que vous allez bientôt savoir dire avec le verbe *Find*

TROUVER

I can't find my keys.

↪ Je n'arrive pas à trouver mes clés.

Look what I've found! Your keys!

↪ Regarde ce que j'ai trouvé ! Tes clés !

He must find time to do it.

↪ Il doit trouver le temps de le faire.

I don't find it funny.

↪ Je ne trouve pas ça drôle.

I find it difficult.

↪ Je trouve ça difficile.

I found his father sunbathing by the pool.

↪ J'ai trouvé son père en train de bronzer près de la piscine.

5 petites phrases à glisser dans vos conversations

I look forward to it.

↪ J'attends ça avec impatience.

What can I do for you?

↪ Qu'est-ce que je peux faire pour vous ?

Just kidding.

➥ Je plaisante.

Will you be there at 6?

➥ Tu seras là à 6 heures ?

I'm pissed off.

➥ J'en ai ras le bol.

Bien utiliser le mot *Group*

GROUPE

There was a group of beautiful young girls following me.

➥ Il y avait un groupe de jolies jeunes filles qui me suivait.

I am very nice. I am the leader of a paramilitary group.

➥ Je suis très sympa. Je suis le leader d'un groupe paramilitaire.

A small group of supporters

➥ Un petit groupe de supporters

A group discussion

➥ Une discussion de groupe

They are working in groups.

➥ Ils travaillent en groupe.

Bien utiliser l'adjectif *Only*

SEULEMENT

He is a real pain in the ass. He is an only child.

➥ C'est un vrai casse-couilles. Il est fils unique.

It rained the whole weekend. The only thing we could do in England was drink beer.

➥ Il a plu tout le week-end. La seule chose que nous pouvions faire en Angleterre était de boire de la bière.

It was 4 degrees in Brighton in August. We were the only people on the beach.

➥ En Août, à Brighton, il faisait 4 degrés. Nous étions les seuls sur la plage.

My only reason for coming to see you is to get my gift.

➥ La seule raison pour laquelle je suis venu te voir est de récupérer mon cadeau.

5 adjectifs à connaître

dark : sombre
useful : utile
effective : efficace
western : occidental
traditional : traditionnel

4 petites phrases à glisser dans vos conversations

Okay!

↳ C'est bon !

What are you doing?

↳ Tu fais quoi ?

It's hot today.

↳ Il fait chaud aujourd'hui.

See you later.

↳ À plus tard.

Le petit mot important : *Together*

[ENSEMBLE]

Together, we can do it.

↳ Ensemble, nous pouvons le faire.

7 mots d'anglais courant à ne probablement jamais crier lors d'une levrette !

a mother : une mère
a fire : un incendie
society : la société
a smell : une odeur
a knot : un nœud
a map : une carte
peace : la paix

PEACE dans une citation amusante

"When I die, I want to go peacefully like my grandfather did, in his sleep. Not yelling and screaming like the passengers in his car."

Bob Monkhouse

➥ « Quand je mourrai, je veux partir paisiblement comme mon grand-père, dans son sommeil. Pas en hurlant et en criant comme les passagers de sa voiture. »

IDIOM: BITS AND PIECES

➥ Des petits bouts.

➥ Des morceaux.

➥ Des petites choses de tailles différentes.

Dans une citation de Tiger Woods (golfeur américain professionnel)

"I believe in Buddhism. Not every aspect, but most of it. So I take bits and pieces."

➥ « Je crois au bouddhisme. Pas à tous ses aspects, mais à la plupart. Alors j'en prends des morceaux. »

LEÇON 49

Le petit mot important : *While*

[PENDANT QUE]

While he was bonking, he was thinking about his job.

➥ Pendant qu'il s'envoyait en l'air, il pensait à son travail.

Tout ce que vous allez bientôt savoir dire avec le verbe *Tell*

DIRE

He is always telling lies.

➥ Il raconte constamment des mensonges.

What did I tell you?

➥ Qu'est ce que je t'avais dit ?

Are you sure you're telling the truth?

➥ Es-tu bien sûr de dire la vérité ?

I haven't been told anything about it.

➥ On ne m'a rien dit à ce sujet.

I'm telling you, I don't know where your sofa is.

➥ Je te dis que je ne sais pas où est ton canapé.

TELL dans une citation amusante

"I told my wife the truth. I told her I was seeing a psychiatrist. Then she told me the truth: that she was seeing a psychiatrist, two plumbers, and a bartender."

Rodney Dangerfield

➥ « J'ai dit à ma femme la vérité. Je lui ai dit que je voyais un psychiatre. Ensuite, elle m'a dit la vérité : qu'elle voyait un psychiatre, deux plombiers et un barman. »

Bien utiliser le mot *Job*

JOB/TRAVAIL

I'm trying to get a job.

➥ J'essaie de trouver du boulot.

It's not my job to do that.

➥ Ce n'est pas mon boulot de faire ça.

Let's finish this job!

➥ Finissons ce travail !

I got a job as a fireman.

➥ J'ai obtenu un emploi de pompier.

I have done a good job.

➥ J'ai fait du bon boulot.

To give a handjob

→ Faire une branlette

To give a blowjob

→ Faire une pipe

JOB dans une citation de *Dexter*

"The three suicide sisters shared the same therapist, Dr Emmett Meridian. He must be terrible at his job."

→ « Les trois sœurs qui se sont suicidées partageaient le même thérapeute, le Dr Emmett Meridian. Il doit faire très mal son travail. »

Bien utiliser l'adjectif *Good*

BON/BIEN

That's very good news.

→ C'est une très bonne nouvelle.

I don't feel too good.

→ Je ne me sens pas trop bien.

The coffee is good.

→ Le café est bon.

I am reading a good book on the toilet.

→ Je lis un bon livre aux toilettes.

I am French. I'm a very good cook.

➥ Je suis français. Je suis un très bon cuisinier.

My English is very good.

➥ Mon anglais est très bon.

I'm very good at geography/my job.

➥ Je suis très bon en géographie/dans mon travail.

GOOD dans une citation amusante

"First the doctor told me the good news: I was going to have a disease named after me."

Steve Martin

➥ « En premier, le docteur m'a dit la bonne nouvelle : on allait donner mon nom à une maladie. »

3 façons de marquer votre désaccord

Absolutely not!

➥ Absolument pas !

Certainly not!

➥ Certainement pas !

Definitely not!

➥ Définitivement pas !

LEÇON 49

L'école

a ball : une balle
a bell : une cloche
a book : un livre
a circle : un cercle
a form : un formulaire
a group : un groupe
a language : une langue
a letter : une lettre
a level : un niveau
a paper : un papier
a pen : un stylo
a pencil : un crayon
a punishment : une punition
a reading : une lecture
a reward : une récompense
a rule : une règle
a school : une école
a theory : une théorie
a whip : un fouet
a whistle : un sifflet
a word : un mot
an angle : un angle
an hour : une heure
a test : un essai
education : l'éducation
history : l'histoire
ink : l'encre
knowledge : la connaissance
teaching : l'enseignement
writing : l'écriture
a friend : un ami

FRIEND dans une citation amusante

"You want a friend in Washington? Get a dog."

Harry S. Truman (Politicien, Président des États-Unis)

➥ « Vous voulez un ami à Washington? Prenez un chien. »

Maîtriser le futur en anglais

En français, nous exprimons le futur de plusieurs façons (J'irai à New York avec toi – Ce soir, je vais chez Julie – Il va s'en rendre compte). Les Anglais font de même et, bonne nouvelle, on peut caler leur grammaire sur la nôtre.

WILL / INFINITIF SANS TO

I will do it; the cop will be jealous; our slave dealer won't come for dinner...

→ Je le ferai ; le flic sera jaloux ; notre marchand d'esclaves ne viendra pas dîner...

Will permet de traduire la plupart des phrases au futur. Il fait référence à une intention ou à une attitude envers autrui.

Will se contracte sous la forme *'ll.*

Will not devient *won't.*

LE PRÉSENT PROGRESSIF

I'm doing it tonight; the Celtics are playing against the Suns tonight; I'm seeing the Queen this afternoon...

→ Je le fais ce soir ; les Celtics jouent contre les Suns ce soir ; je vois la reine cet après-midi.

Le présent progressif s'utilise pour un futur très proche, de la même façon que nous utilisons le présent en français.

BE + GOING TO

I'm going to go on a naked hike; I'm not going to eat your mustard and strawberry jelly...

→ Je vais aller faire une randonnée tout nu ; je ne vais pas manger votre gelée à la moutarde et à la fraise...

La forme *be going to* du futur anglais est équivalente à notre utilisation du verbe « aller » pour exprimer le futur en français.

5 petites phrases à glisser dans vos conversations

Done!

→ Fait !

Not so fast.

→ Pas si vite.

I'm ready.

→ Je suis prêt.

Go for it!

→ Fonce !

You got me.

→ Tu m'as eu.

IDIOM: HOLY SHIT!

Exclamation qui s'utilise lorsqu'on est surpris ou apeuré par un événement soudain.

➥ Putain de merde !

➥ Oh, la vache !

➥ Putain !

LA TRADUCTION DÉBILE : **Merde bénite !**

7 mots anglais courants qu'il faut absolument que vous arrêtiez de prononcer en postillonnant sur vos interlocuteurs

a base : une base
a basin : un bassin
a bite : un morceau
a blade : une lame
a board : une planche
a memory : une mémoire
a minute : une minute

PHRASAL VERB: BELIEVE IN

Signification : croire en

I believe in you.

➥ Je crois en toi.

I will believe in God when he begins to believe in me.

➥ Je croirai en Dieu quand il commencera à croire en moi.

LEÇON 50

En voyage : rouler à gauche

to rent a car : louer une voiture
an insurance : une assurance
a safety belt / a seat belt : une ceinture de sécurité
a motorway : une autoroute
a toll : un péage
a crossroads : un croisement
the speed limits : les limitations de vitesse
a fine : une amende
a car crash : un accident

Tout ce que vous allez bientôt savoir dire avec le verbe *Ask*

DEMANDER

Can I ask a question?

➥ Est-ce que je peux poser une question ?

I need to ask her a question.

➥ J'ai besoin de lui poser une question.

He asked if I was worried.

➥ Il a demandé si j'étais inquiet.

You should ask him why he didn't come to Margaret's orgy.

➥ Tu devrais lui demander pourquoi il n'est pas venu à la partouze de Margaret.

Are you going to Margaret's orgy? – No, I haven't been asked.

➥ Est-ce que tu vas à la partouze de Margaret ? – Non, on ne me l'a pas proposé.

Why are your breasts different sizes? If you don't mind me asking.

➥ Pourquoi est-ce que vos seins sont de tailles différentes ? Si ça ne vous embête pas que je demande.

On the beach, his father often gets asked where he bought his inflatable crocodile.

➥ Sur la plage, on demande souvent à son père où il a acheté son crocodile gonflable.

ASK dans une citation amusante

"I asked God for a bike, but I know God doesn't work that way. So I stole a bike and asked for forgiveness."

Emo Philips

➥ « J'ai demandé un vélo à Dieu mais je sais que Dieu ne fonctionne pas de cette façon. Donc j'ai volé un vélo and j'ai demandé pardon. »

Bien utiliser le mot *Case*

CAS

In some cases

➥ Dans certains cas

It's a classic case.

➥ C'est un cas classique.

In case of emergency

➥ En cas d'urgence

If that's the case.

➥ Si c'est le cas.

Bien utiliser l'adjectif *Able*

CAPABLE

I am able to do something.

➥ Je suis capable de faire quelque chose.

He must be able to speak French for this job.

➥ Il doit être capable de parler français pour ce travail.

Will your mother be able to come to the party?

➥ Est-ce que ta mère pourra venir à la fête ?

SPEAK dans une citation d'Homer Simpson

"You'll have to speak up, I'm wearing a towel."

➥ « Tu vas devoir parler plus fort, je porte une serviette. »

LEÇON 51

5 petites phrases à glisser dans vos conversations

What is wrong with you?

➥ Qu'est-ce qui ne va pas ?

Are you fucking kidding me?

➥ Putain, est-ce que tu plaisantes ?

Oh my God!

➥ Oh, mon Dieu ! (très courant)

Nobody cares!

➥ Tout le monde s'en fiche !

What is your problem?

➥ C'est quoi ton problème ?

Bien utiliser l'adjectif *National*

NATIONAL

The national newspapers : La presse nationale

National anthem : L'hymne national

Le petit mot important : *For*

[POUR]

For the holidays, they left for Portugal.

➥ Pour les vacances, ils sont partis pour le Portugal.

PHRASAL VERB: GO ON

Signification : continuer

♫ *The show must go on!* (Queen) ♫

➥ Le spectacle doit continuer !

5 adjectifs à connaître

aware : conscient (de)
popular : populaire
heavy : lourd
professional : professionnel
direct : direct

5 petites phrases très utiles qui commencent par *I don't*

I don't believe it.

➥ Je ne le crois pas.

I don't understand.

➥ Je ne comprends pas.

I don't care.

➥ Ça m'est égal.

I don't know.

➥ Je ne sais pas.

I don't think so.

➥ Je ne pense pas.

LEÇON 52

Bien utiliser l'adjectif *Wrong*

MAUVAIS, FAUX, ERRONÉ

Wrong answer/choice

➥ Mauvaise réponse/mauvais choix

I was wrong.

➥ J'avais tort.

Paul, stealing is wrong but bonking is not wrong.

➥ Paul, voler c'est mal mais s'envoyer en l'air, ce n'est pas mal.

What went wrong with their online business of selling inflatable crocodiles?

➥ Qu'est ce qui n'a pas été dans leur entreprise en ligne de vente de crocodiles gonflables ?

WRONG dans une citation de Hank Moody de la série *Californication*

"Wrong place, wrong time, wrong vagina!"

➥ « Mauvais endroit, mauvais timing, mauvais vagin ! »

Top 5 des verbes anglais courants qui ne sont ni faciles, ni difficiles à prononcer, ils sont moyens, voilà !

to drink : boire
to fold : plier
to let : laisser
to look : regarder
to remember : se souvenir

Le petit mot important : *Other*

[AUTRE]

The other day, I saw my other wife.

→ L'autre jour, j'ai vu mon autre femme.

Bien utiliser l'adjectif *Long*

LONG

Long hair

→ Des cheveux longs

How long is my pool?

→ Quelle est la longueur de ma piscine ?

My pool is 83 meters long.

→ Ma piscine fait 83 mètres de long.

It has been a long week in your ugly country.

→ Ça a été une longue semaine dans votre pays moche.

PHRASAL VERB: TURN INTO

Signification : transformer

Then, the magician turned her husband into a big sea lion.

➥ Ensuite, la magicienne a transformé son mari en une grosse otarie.

7 mots anglais courants sans sucre ajouté et avec 0 % de matière grasse

a jewel : un bijou
a judge : un juge
a jump : un saut
a law : une loi
a light : une lumière
a limit : une limite
a mark : une marque

4 petites phrases à glisser dans vos conversations

This really sucks.

➥ Ça craint vraiment.

I'm scared.

➥ J'ai peur.

Never happened.

➥ Ça n'est jamais arrivé.

Let's see if...

➥ Voyons si...

Les 70 verbes irréguliers les plus courants (41-49)

Infinitif	Prétérit	Participe passé	
draw	*drew*	*drawn*	dessiner
break	*broke*	*broken*	casser
spend	*spent*	*spent*	dépenser
cut	*cut*	*cut*	couper
rise	*rose*	*risen*	lever
drive	*drove*	*driven*	conduire
choose	*chose*	*chosen*	choisir
understand	*understood*	*understood*	comprendre
wear	*wore*	*worn*	porter

WEAR dans une citation amusante

"The only mystery in life is why the kamikaze pilots wore helmets."

Al Mcguire

➥ « Le seul mystère de la vie est pourquoi les pilotes kamikazes portaient des casques. »

UNDERSTAND dans une citation amusante

"It is amazing how quickly the kids learn to drive a car, yet are unable to understand the lawn mower, snowblower and vacuum cleaner."

Ben Bergor

➥ « C'est étonnant de voir à quelle vitesse les enfants apprennent à conduire une voiture, alors qu'ils sont toujours incapables de comprendre la tondeuse, la souffleuse à neige et l'aspirateur. »

5 verbes anglais courants qui ne vous sauveront pas la vie si vous les criez juste après être tombé du ferry

to laugh : rire
to lead : mener
to rest : se reposer
to run : courir
to say : dire

Tout ce que vous allez bientôt savoir dire avec le verbe *Work*

TRAVAILLER

I work in a supermarket.

➥ Je travaille dans un supermarché.

Our daughter hopes to work as a pornstar when she is older.

➥ Notre fille espère travailler comme star du porno quand elle sera plus vieille.

I work for a big firm in Paris.

➥ Je travaille pour une grande entreprise à Paris.

This phone doesn't work.

➥ Ce téléphone ne marche pas.

I don't know how to work this computer.

➥ Je ne sais pas comment faire fonctionner cet ordinateur.

My plan worked.

➥ Mon plan a fonctionné.

Yes, I work for peace in the world.

➥ Oui, je travaille pour la paix dans le monde.

Want dans une citation d'Homer Simpson

"Son, if you really want something in this life, you have to work for it. Now quiet! They're about to announce the lottery numbers."

➥ « Fils, si tu veux vraiment quelque chose dans la vie, tu dois travailler pour l'avoir. Maintenant, tais-toi. Ils sont sur le point d'annoncer les numéros de la loterie. »

LEÇON 54

Bien utiliser le mot *Fact*

FAIT

Her father knew for a fact that he was Batman.

→ Son père savait avec certitude qu'il était Batman.

I know for a fact that she's involved in the puncture of my inflatable dolphin.

→ Je suis certain qu'elle est impliquée dans la crevaison de mon dauphin gonflable.

This movie is based on historical facts.

→ Ce film est basé sur des faits historiques.

The English are, in fact, idiots.

→ Les Anglais sont, en fait, des idiots.

You are not a fridge and that's a fact.

→ Tu n'es pas un frigidaire et c'est un fait.

I could no longer ignore the fact that my cat was deeply unhappy.

→ Je ne pouvais plus ignorer le fait que mon chat était profondément malheureux.

I have never hidden the fact that I am Fantômas.

→ Je n'ai jamais caché le fait que je suis Fantômas.

Bien utiliser l'adjectif *Local*

LOCAL

A local newspaper

↪ Un journal local

The local population is ugly and fat.

↪ La population locale est moche et grosse.

You have a strange local accent.

↪ Vous avez un accent local bizarre.

Les loisirs ou les activités que nous faisions jusqu'à ce que Facebook apparaisse

a camera : un appareil photo
a canvas : une toile
a guide : un guide
a journey : un voyage
a library : une bibliothèque
a net : un filet
a sail : une voile
a song : une chanson
a ticket : un billet
an amusement : un amusement
an art : un art
an instrument : un instrument
music : la musique
paint : la peinture
a band : un groupe

5 petites phrases à glisser dans vos conversations

I have no idea.

↪ J'en ai aucune idée.

Nice day, isn't it?

↬ Belle journée, n'est-ce pas ?

Me too.

↬ Moi aussi.

Listen to this.

↬ Écoute ça.

It depends.

↬ Ça dépend.

Bien utiliser l'adjectif *Single*

UNIQUE, CÉLIBATAIRE

Sir, I can't think of one single reason why I should eat this pink jelly.

↬ Monsieur, je n'arrive pas à trouver une seule raison pour laquelle je devrais manger cette gelée rose.

Is your grandmother still single?

↬ Est-ce que ta grand-mère est toujours célibataire ?

LEÇON 55

7 mots totalement inutiles pour draguer un(e) anglais(e) mais que vous devez tout de même apprendre

a nation : une nation
a loss : une perte
a kick : un coup de pied
a pipe : un tuyau
a scale : une échelle
an army : une armée
war : la guerre

IDIOM: TO BE AT LOGGERHEADS

➥ Être en profond désaccord sur quelque chose.

Dans la presse

"Egypt and Ethiopia are at loggerheads over the Nile."

➥ « L'Égypte et l'Éthiopie sont en profond désaccord à propos du Nil.»

the Nile : le Nil

En voyage : au restaurant

to order : commander
a tip : un pourboire
the main course : le plat principal

a starter : une entrée
a dessert : un dessert
a waiter : un serveur
a credit card : une carte de crédit
a bill : une addition

Tout ce que vous allez bientôt savoir dire avec le verbe *Seem*

SEMBLER

It seems to me she isn't the right person for this job.

➥ Il me semble qu'elle n'est pas la bonne personne pour ce travail.

You seem tired.

➥ Tu as l'air fatigué.

Paul seems nice.

➥ Paul a l'air gentil.

There seems to be a problem.

➥ Il semble qu'il y ait un problème.

The shop seems to be closed.

➥ Le magasin semble être fermé.

He seemed to be very interested.

➥ Il a semblé être très intéressé.

Bien utiliser le mot *Person*

PERSONNE

I am a very shy/interesting/fascinating person.

➥ Je suis quelqu'un de très timide/intéressant/fascinant.

He's the person we need for feeding the crocodiles.

➥ C'est la personne dont nous avons besoin pour nourrir les crocodiles.

The price is £30 per person.

➥ Le prix est de 30 £ par personne.

5 petites phrases à glisser dans vos conversations

Really, it's my fault!

➥ Vraiment, c'est ma faute !

Get ready!

➥ Prépare-toi !

I don't care!

➥ Je m'en fous !

Come on!

➥ Allez !

Just one more question.

➥ Une dernière question.

LEÇON 56

I love beaucoup ton anatomie (6)

EAR : OREILLE

JE VAIS L'UTILISER DANS

Her boyfriend was whispering something in her ear.

➥ Son copain lui murmurait quelque chose à l'oreille.

Her cat has had its ears pierced.

➥ Son chat s'est fait percer les oreilles.

CHEEK : JOUE

JE VAIS L'UTILISER DANS

This Frenchman kissed her on both cheeks!

➥ Ce Français l'a embrassée sur les deux joues !

SKIN : PEAU

JE VAIS L'UTILISER DANS

a banana skin : une peau de banane
a sensitive skin : une peau sensible

EYEBROW : SOURCIL

JE VAIS L'UTILISER DANS

to raise an eyebrow : lever un sourcil

5 petites phrases très utiles qui commencent par *Not*

Not a chance : Aucune chance
(No,) Not at all : (Non,) pas du tout
Not anymore : Plus maintenant
Not bad : Pas mal
Not right now, thanks : Pas maintenant, merci

Le petit mot important : *Under*

[SOUS]

The dog is under two and is under the table.

→ Le chien a moins de deux ans et est sous la table.

Les 70 verbes irréguliers les plus courants (50-60)

INFINITIF	PRÉTÉRIT	PARTICIPE PASSÉ	
seek	*sought*	*sought*	chercher
throw	*threw*	*thrown*	lancer
catch	*caught*	*caught*	attraper
deal	*dealt*	*dealt*	distribuer
win	*won*	*won*	gagner
forget	*forgot*	*forgotten*	oublier
lay	*laid*	*laid*	poser
sell	*sold*	*sold*	vendre
fight	*fought*	*fought*	combattre
bear	*bore*	*borne*	supporter
put	*put*	*put*	mettre

PUT dans une citation amusante

"Knowledge is knowing a tomato is a fruit; wisdom is not putting it in a fruit salad."

Miles Kington

↳ « Le savoir est de savoir qu'une tomate est un fruit ; la sagesse est de ne pas la mettre dans une salade de fruits. »

7 mots anglais qui seront dans votre test du TOEIC car oui, on a lu votre sujet

a direction : une direction
a discovery : une découverte
a discussion : une discussion
a distribution : une distribution
a division : une division
a fact : un fait
a fiction : une fiction

IDIOM: I DON'T GIVE A SHIT

↳ Je n'en ai rien à foutre.

Dans une citation de George Carlin (écrivain et humoriste américain)

"It's important in life if you don't give a shit. It can help you a lot."

↳ « C'est important dans la vie de n'en avoir rien à foutre. Ça peut beaucoup vous aider. »

LEÇON 57

5 verbes anglais courants qui ne vous rendront pas la conduite à gauche plus aisée

to walk : marcher
to wash : laver
to copy : copier
to cry : pleurer
to disgust : dégoûter

En voyage : au pub

a soft drink : une boisson non alcoolisée
draught beer : une bière pression
a beer, please : une bière s'il vous plait
white/red wine : du vin blanc/rouge
a glass of red wine : un verre de vin rouge
sparkling water : eau gazeuse

Tout ce que vous allez bientôt savoir dire avec le verbe *Feel*

SE SENTIR

I feel lonely.

↪ Je me sens seul.

Do you feel better?

↪ Est-ce que tu te sens mieux ?

How are you feeling?

➥ Comment vous sentez-vous ?

I feel like a cup of coffee/tea.

➥ J'ai envie d'une tasse de café/thé.

I don't feel well.

➥ Je ne me sens pas bien.

FEEL dans une citation amusante

"My therapist told me the way to achieve true inner peace is to finish what I start. So far I've finished two bags of M&Ms and a chocolate cake. I feel better already."

Dave Barry

➥ « Mon thérapiste m'a dit que la façon d'atteindre la vraie paix intérieure est de finir ce que je commence. Jusqu'ici, j'ai fini deux paquets de M&Ms et un gâteau au chocolat. Je me sens déjà mieux. »

Bien utiliser le mot *Way*

CHEMIN, FAÇON

There are so many disgusting ways you can prepare English jelly.

➥ Il y a tant de façons dégoûtantes de préparer la gelée anglaise.

Do you know the way to the opera?

→ Est-ce que vous connaissez le chemin vers l'opéra ?

On the way to the airport/train station

→ Sur le chemin de l'aéroport/la gare

You should have done it my way.

→ Tu aurais dû le faire à ma façon.

Get out of my way!

→ Dégage de mon chemin !

5 petites phrases à glisser dans vos conversations

Be safe.

→ Sois prudent.

Come in.

→ Entrez.

I'm coming.

→ J'arrive.

That's ok!

→ Tout va bien !

No problem

→ Pas de problème

LEÇON 58

5 adjectifs à connaître

independent : indépendant
deep : profond
interesting : intéressant
considerable : considérable
involved : impliqué

Le petit mot important : *So*

[SI, TELLEMENT]

I am so happy to see you.

➥ Je suis si heureux de vous voir.

5 petites phrases à glisser dans vos conversations

We gotta hurry.

➥ On doit se dépêcher.

Listen.

➥ Écoute.

Call me!

➥ Appelle-moi !

Let me explain.

➥ Laisse-moi expliquer.

It makes me nervous.

➥ Ça me rend nerveux.

Les 7 mots anglais qui vont tomber à l'interro surprise de demain

a danger : un danger
a day : un jour
a death : une mort
a degree : un degré
a design : une conception
destruction : la destruction
a detail : un détail

IDIOM: TO PUT YOUR FOOT IN YOUR MOUTH/ TO PUT YOUR FOOT IN IT

➥ Dire quelque chose que l'on regrette.

LA TRADUCTION DÉBILE : mettre son pied dans sa bouche.

Dans une citation de Selma Blair (Épouse de Tony Blair)

"I put my foot in my mouth every time I'm interviewed."

➥ « Je dis quelque chose que je regrette à chaque fois que je donne une interview. »

5 adjectifs à connaître

financial : financier
wide : large
foreign : étranger
simple : simple
recent: récent

Bien utiliser l'adjectif *Successful*

BRILLANT, QUI RÉUSSIT

I'm a successful business woman in France.

→ En France, je suis une femme d'affaires qui réussit.

A successful career

→ Une carrière à succès

Were you successful in inflating her father's crocodile?

→ Avez-vous réussi à gonfler le crocodile de son père ?

This movie was very successful in Paris.

→ Ce film a eu un grand succès à Paris.

Le petit mot important : *There*

[LÀ]

They aren't there.

→ Ils ne sont pas là.

LEÇON 59

7 mots anglais à ne probablement pas crier très fort au moment où vous serrerez la main de la reine

a sister : une sœur
the edge : le bord
the existence : l'existence
time : le temps
the view : la vue
waste : les déchets

Tout ce que vous allez bientôt savoir dire avec le verbe *Try*

ESSAYER

Just try to stay calm.

➥ Essaie juste de rester calme.

Let's try something new.

➥ Essayons quelque chose de nouveau.

I tried hard not to laugh.

➥ Je me suis efforcé de ne pas rire.

I don't know if I can come to Margaret's orgy but I'll try.

➥ Je ne sais pas si je vais pouvoir venir à la partouze de Margaret mais je vais essayer.

Try to do it quickly!

➥ Essaie de le faire rapidement !

Have you ever tried paragliding?

➥ Est-ce que tu as déja essayé le parapente ?

I try hard.

➥ Je fais des efforts.

TRY dans une citation d'Homer Simpson

"Kids, you tried your best and you failed miserably. The lesson is, never try."

➥ « Les enfants vous avez essayé de votre mieux et vous avez échoué misérablement. La leçon est : ne jamais essayer. »

Bien utiliser le mot *Point*

POINT

What's your point?

➥ Où veux-tu en venir ?

Please get to the point!

➥ S'il vous plaît, venez-en aux faits !

Intelligence is one of my strong points.

➥ L'intelligence est un de mes points forts.

He had been trying for one hour. He was on the point of giving up.

↪ Il essayait depuis une heure. Il était sur le point d'abandonner.

What is the point of your visit?

↪ Quel est le but de votre visite?

Tout ce que vous allez bientôt savoir dire avec le verbe *Leave*

QUITTER

He'll be leaving at six o'clock on Monday.

↪ Il partira à six heures lundi.

The train leaves in three minutes.

↪ Le train part dans trois minutes.

Can I leave a message for the Queen?

↪ Est-ce que je peux laisser un message pour la reine ?

Leave that inflatable crocodile where it is!

↪ Laisse ce crocodile gonflable là où il est !

Are there any apples left?

↪ Est-ce qu'il reste des pommes ?

I left school at 16.

↪ J'ai quitté l'école à 16 ans.

I'm very happy to leave England at the end of the week.

➥ Je suis très content de quitter l'Angleterre à la fin de la semaine.

Bien utiliser l'adjectif *Special*

SPÉCIAL

My rabbit is a very special person in my life.

➥ Mon lapin est une personne très spéciale dans ma vie.

I know you don't like them but let's all make a special effort to welcome our British visitors.

➥ Je sais que vous ne les aimez pas mais faisons tous un effort spécial pour accueillir nos visiteurs britanniques.

I deserve a special treatment. Thank you.

➥ Je mérite un traitement spécial. Merci.

Le petit mot important : *Only*

[SEULEMENT]

There was only one pub and it was a girls only night.

➥ Il y avait seulement un pub et c'était une soirée « filles uniquement ».

LEÇON 60

I love beaucoup ton anatomie (7)

NOSE : NEZ

JE VAIS L'UTILISER DANS

Stop picking your nose!

➥ Arrête de te curer le nez !

My nose is bleeding.

➥ Je saigne du nez.

His grandmother punched me in the nose.

➥ Sa grand-mère m'a donné un coup de poing dans le nez.

THROAT : GORGE

JE VAIS L'UTILISER DANS

To clear one's throat : *s'éclaircir la voix*

BRAIN : CERVEAU

JE VAIS L'UTILISER DANS

Use your brain.

➥ Sers-toi de ta tête.

I have got brains.

➥ Je suis intelligent.

BRAIN dans une citation amusante

Estimated amount of glucose used by an adult human brain each day, expressed in M&Ms: 250.

Harper's Index

➥ Quantité estimée de glucose utilisé chaque jour par un cerveau humain adulte, exprimée en M&MS : 250

Les 70 verbes irréguliers les plus courants (61-70)

INFINITIF	PRÉTÉRIT	PARTICIPE PASSÉ	
eat	*ate*	*eaten*	manger
sing	*sang*	*sung*	chanter
strike	*struck*	*struck*	frapper
hang	*hung*	*hung*	accrocher
shake	*shook*	*shaken*	secouer
ride	*rode*	*ridden*	chevaucher
feed	*fed*	*fed*	nourrir
shoot	*shot*	*shot*	tirer
drink	*drank*	*drunk*	boire
teach	*taught*	*taught*	enseigner

TEACH dans une citation amusante

"Just taught my kids about taxes by eating 38 % of their ice cream."

Conan O'brien

➥ « Je viens juste d'apprendre les taxes à mes enfants en mangeant 38 % de leur glace. »

Tout ce que vous allez bientôt savoir dire avec le verbe *Call*

APPELER

Call the police!

➥ Appelez la police !

When he decided to call the baby Brian, he was in the kitchen.

➥ Quand il a décidé d'appeler le bébé Brian, il était dans la cuisine.

Are you calling me a liar, sir?

➥ Est-ce que vous me traitez de menteur, Monsieur ?

She called yesterday.

➥ Elle a appelé hier.

Everyone calls him Dick.

➥ Tout le monde l'appelle Dick.

I'll give him a call.

➥ Je vais l'appeler.

I'll call a taxi for you.

➥ Je vais t'appeler un taxi.

CALL dans une citation amusante

"I was what they call 'skinny fat' – a body that resembled a python after swallowing a goat."

A. J. Jacobs

➥ « J'étais ce qu'ils appellent "maigre gras" – un corps qui ressemble à un python qui a avalé une chèvre. »

Bien utiliser le mot *Part*

PARTIE

Spare parts for cars

➥ Pièces détachées de voiture

The northern part of France

➥ La partie nord de la France

The entire book is bad and the worst part is the ending.

➥ Le livre tout entier est mauvais et la partie la pire est la fin.

Part of me feels sorry for you.

➥ Une partie de moi est désolée pour toi.

Your grandmother needs to be able to work as part of a team.

➥ Ta grand-mère doit être capable de travailler comme un membre de l'équipe.

VOUS AIMEZ PRENDRE VOTRE SMARTPHONE AUX TOILETTES ?

Vous avez aimé ces leçons ? Vous voulez poursuivre votre apprentissage de l'anglais sur votre smartphone (aux toilettes) ? Retrouvez encore plus de leçons en vous rendant sur la page :

http://tut-tut.fr/1000-mots-anglais

ou scannez ce code

Achevé d'imprimer en Espagne
par Novoprint

Dépôt légal : septembre 2015